FANNY

Les films de Marcel Pagnol sont disponibles en vidéo-cassettes édités par la Compagnie Méditerranéenne de Films.

MARCEL PAGNOL

de l'Académie française

FANNY

pièce en trois actes et quatre tableaux

Editions de Fallois

Photographie de la couverture :
César : Raimu
Fanny : Orane Demazis
Au dos de la couverture :
Panisse : Charpin
César : Raimu
dans le film *Fanny*.

© Marcel Pagnol, 1988.

ISBN : 2 - 87706 - 057 - 8
ISSN : 0989 - 3512

EDITIONS DE FALLOIS, 22, rue La Boétie, 75008 Paris.

FANNY

Pièce représentée pour la première fois à Paris le 5 décembre 1931, sur la scène du « Théâtre de Paris ».

PERSONNAGES

		Mmes
FANNY	. . . .	Orane Demazis
HONORINE	. . . .	Chabert
CLAUDINE	. . . .	Milly Mathis
LA COMMISE	. . . .	Thérésa Renouard
		MM.
CÉSAR	. . . .	Harry-Baur
PANISSE	. . . .	Charpin
MARIUS	. . . .	Berval
ESCARTEFIGUE	. . . .	Dullac
M. BRUN	. . . .	Vattier
LE CHAUFFEUR	. . . .	Maupi
LE FACTEUR	. . . .	H. Vilbert
LE DOCTEUR	. . . .	E. Delmont
MARIUS TARTARIN	. . . .	Meret
RICHARD	. . . .	H. Henriot
L'ANNAMITE	. . . .	Marc Derris
L'ITALIEN	. . . .	Vanolli

ACTE PREMIER

PREMIER TABLEAU

Le décor représente le bar de César.

Il est deux heures de l'après-midi, au mois d'août. Au-dehors, un soleil écrasant sur le port.

A gauche, au premier plan, M. Brun, Panisse et Escartefigue, sont assis. M. Brun boit un café crème. Panisse et Escartefigue boivent du vin blanc qu'ils versent dans un entonnoir rempli de glace.

Au comptoir, le chauffeur d'Escartefigue, déguisé en garçon de café, rince des verres.

César, debout, l'air sombre, les cheveux plus blancs qu'autrefois, se promène, sort et rentre. Il porte à la main une petite raquette en toile métallique, pour tuer les mouches. De temps à autre, il frappe brusquement sur le comptoir ou sur une table.

Scène I

CÉSAR, M. BRUN, PANISSE,
ESCARTEFIGUE, LE CHAUFFEUR

PANISSE

Moi, monsieur Brun, si j'étais Napoléon – pas Napoléon Barbichette, je veux dire le vrai Napoléon, – si j'étais Napoléon...

CÉSAR *(brusquement)*

Il est mort.

PANISSE *(interloqué)*

Oui, je sais. Mais je dis simplement : « Moi si j'étais Napoléon...

CÉSAR *(avec force)*

Il est mort. On te dit qu'il est mort!...

M. BRUN *(aimable)*

Oui, nous savons qu'il est mort. Mais vous voulez dire : « Si j'avais été Napoléon pendant que Napoléon vivait encore... »

PANISSE *(ravi)*

C'est ça; si j'avais été Napoléon pendant que Napoléon vivait encore... Eh bien! moi, j'aurais... *(Il cherche ce qu'il allait dire.)*

CÉSAR *(précis)*

Qu'est-ce que tu aurais?...

PANISSE

J'aurais... j'aurais... *(Découragé.)* Ça y est... Tu m'as fait oublier ce que j'allais dire...

M. BRUN

Quel dommage!

CÉSAR *(en sortant)*

Gâteux! Simplement gâteux!

ESCARTEFIGUE *(à voix basse)*

Ça y est! Tu as ton paquet. Ça recommence! Depuis un mois que son fils est parti, on ne sait plus par quel bout le prendre! Il n'est plus possible de venir dans ce bar sans se faire...

(César est entré, et il fait le tour de la salle.)

PANISSE *(à voix basse)*

Attention! Le voilà!

12

M. BRUN *(à haute voix)*

Alors capitaine, vous ne travaillez pas aujourd'hui?

PANISSE

Nous sommes du jury. Nous attendons le président, M. Gadagne, qui va venir nous chercher.

CÉSAR *(avec pitié)*

Du jury! On aura tout vu!

M. BRUN *(admiratif)*

Du jury! Fichtre!

ESCARTEFIGUE *(modeste)*

Eh! oui, fichtre!

M. BRUN

Mais votre ferry-boat? Est-ce que vous ne devez pas faire vingt-quatre traversées par jour?

ESCARTEFIGUE

Eh! oui, je dois les faire puisque je suis payé pour ça. Mais chaque année, au moment du concours, mon bateau a besoin de passer au radoub, pour rafraîchir la peinture sous-marine. Et ça dure quatre jours.

M. BRUN

Exactement comme le concours!

ESCARTEFIGUE *(clin d'œil)*

Etrange coïncidence! Exactement comme le concours. Et voilà pourquoi pendant ce temps, mon chauffeur fait des extras! *(Il montre le chauffeur au comptoir.)*

M. BRUN *(au chauffeur)*

Tiens, petit, donne-moi encore un croissant.

LE CHAUFFEUR

Voilà, Monsieur Brun.

(César s'approche.)

CÉSAR

Félix, tu as l'heure juste?

ESCARTEFIGUE

Mais je crois que ta pendule va bien. Il est huit heures précises.

CÉSAR

Si ma pendule marchait bien, je ne te demanderais pas l'heure qu'il est. Et si ça te fait peine de tirer ta montre, merci quand même!

ESCARTEFIGUE *(serviable)*

Oh! mais je la tire, la montre! Je la tire! Eh bien, il est huit heures précises, exactement comme ta pendule!

CÉSAR *(sèchement)*

Merci!

ESCARTEFIGUE

D'ailleurs, ce n'est pas étonnant : c'est sur ta pendule que je l'ai réglée ce matin.

CÉSAR *(les bras au ciel)*

O bougre d'emplâtre! Mais où vas-tu les chercher, dis jobastre!

ESCARTEFIGUE

Jobastre? Mais je ne vois pas pourquoi tu m'insultes quand je me donne un mal de chien pour te faire plaisir.

M. BRUN *(il tire sa montre)*

Tenez, César. Il est exactement huit heures quatre à l'horloge des docks.

CÉSAR

Merci, monsieur Brun. Ça, c'est un renseignement. Huit heures quatre. J'aurais dû savoir qu'il ne faut rien demander d'intelligent à M. Escartefigue, amiral de banquettes de café, commodore de la moleskine!

(Il sort.)

Scène II

PANISSE, ESCARTEFIGUE, M. BRUN,
LE CHAUFFEUR

PANISSE *(avec bonne humeur)*

Eh bien, dis donc, tu l'as toi aussi, ton paquet!

ESCARTEFIGUE

Mais qu'est-ce qu'il a besoin de savoir l'heure astronomique? Est-ce qu'il veut faire le point?

PANISSE

Tu ne vois pas qu'il attend le facteur?

M. BRUN

Comme tous les matins!

LE CHAUFFEUR *(en grand secret)*

Et comme tous les soirs. Il l'attend tout le temps.

ESCARTEFIGUE *(éclairé)*

C'est donc ça! Son fils lui envoie une lettre tous les jours! Et alors, peuchère, il se languit de l'avoir!

PANISSE

Moi, je crois plutôt qu'il se languit d'avoir la première et que son fils ne lui a pas encore écrit.

LE CHAUFFEUR *(confidentiel)*

Tout juste! Et chaque fois que le facteur passe là-devant sans s'arrêter, c'est une scène de tragédie. Oui, monsieur Brun, de la tragédie. Il devient pâle comme la mort. Et quand il n'y a personne dans le bar, il vient regarder ce chapeau.

(Il montre un chapeau de paille accroché dans un coin.)

PANISSE

Oui, le chapeau de Marius.

LE CHAUFFEUR

Il est resté là depuis le départ. Il lui parle, il lui dit des choses que ça vous met les larmes aux yeux. C'est vrai que moi je suis beaucoup sensible...

PANISSE

Peuchère! Et la petite Fanny, c'est la même chose!

LE CHAUFFEUR

Oh! elle, elle va sûrement mourir d'estransi. Té, ils vont mourir tous les deux!

ESCARTEFIGUE *(indigné)*

C'est curieux tout de même que son fils ne lui ait pas encore écrit.

M. BRUN

Mais non, capitaine, c'est tout à fait naturel. Il est parti sur un voilier, et leur première escale c'est Port-Saïd. Il est donc logique de penser que sa première lettre...

LE CHAUFFEUR

Attention, le voilà...

(César fait le tour du bar, dans un grand silence, et sort de nouveau.)

M. BRUN

Cet homme-là va peut-être mourir de chagrin.

PANISSE

Ecoutez, monsieur Brun, il ne mourra pas, non. Mais si cette lettre tarde encore quinze jours, il deviendra fada. *(à Escartefigue.)* Tu verras ce que je te dis.

ESCARTEFIGUE *(tristement)*

Oh! je le crois! il va de plus pire en plus pire. *(Scientifique.)* Moi, j'en ai connu un comme ça, que son cerveau se ramollissait... Ça se fondait tout, là-dedans... Et à la fin, quand il remuait la tête, pour dire « non », eh bien, on entendait « flic-flac... flic-flac ». Ça clapotait.

M. BRUN *(sceptique)*

Voilà un cas extrêmement curieux.

PANISSE *(sceptique)*

Oui, c'est bien curieux.

ESCARTEFIGUE

Tu ne me crois pas?

PANISSE *(grave)*

Oh! que si, je te crois! Parce que moi j'en ai connu un encore plus bizarre; au lieu de se ramollir, comme le tien, eh bien le mien, son cerveau se desséchait.

ESCARTEFIGUE *(stupéfait)*

Par exemple!

PANISSE *(lugubre)*

Ce pauvre cerveau, petit à petit, il est devenu comme un pois chiche. Et alors, peuchère, quand il marchait dans la rue, ce petit cerveau lui sautait dans sa grande tête – et ça sonnait comme un grelot de bicyclette.

ESCARTEFIGUE *(horrifié)*

Drelin! Drelin!

PANISSE

Surtout quand il marchait sur des pavés!...

(Escartefigue reste béant de stupeur et d'horreur. Mais M. Brun éclate de rire. Alors, Escartefigue, un peu vexé, se tourne vers Panisse, qui rit lui aussi.)

ESCARTEFIGUE

Tais-toi, va, fada. Tu vois bien que c'est incroyable, ton histoire!

PANISSE

Elle est certainement aussi vraie que la tienne?

ESCARTEFIGUE *(il se lève, digne)*

Honoré, si tu es un homme, dis-moi tout de suite, et devant tout le monde que tu me prends pour un menteur.

PANISSE *(calme et souriant)*

Mais naturellement, que je te prends pour un menteur.

ESCARTEFIGUE

Bien. Dans ce cas, c'est tout différent.

(Il se rassied, et allume un ninas. César, sur la porte, tourne le dos au public.)

Scène III

CÉSAR, HONORINE, PANISSE, ESCARTEFIGUE, M. BRUN

CÉSAR

Bonjour, Norine.

HONORINE
(elle entre, renfrognée, l'œil mauvais)

Bonjour.

CÉSAR

Vous venez commencer la vente?

HONORINE *(sèchement)*

Comme vous voyez.

PANISSE

Alors, la petite est encore fatiguée?

HONORINE

Ah! ne m'en parlez pas, vé! Elle a une mine de papier mâché. Alors, je suis venue faire l'ouverture, et elle viendra me remplacer dans une heure. *(Au chauffeur, qui lui fait passer ses paniers.)* Merci, petit.

ESCARTEFIGUE

Fanny est malade?

CÉSAR

Oui. Elle a pris un froid sur l'estomac.

PANISSE

Tu n'as donc pas remarqué qu'elle n'est pas venue hier, et que c'est Norine qui a vendu?

ESCARTEFIGUE

Non, tiens. J'avais pas remarqué.

M. BRUN

J'espère que ce n'est pas grave?

CÉSAR

Mais non, mais non. C'est un peu de grippe. Une attaque de grippe...

HONORINE (sarcastique)

Oui, une attaque de grippe. Et puis, il faut dire aussi que à cause de certain petit voyou de navigateur, la petite a le cœur brisé, – elle a le cœur brisé, la petite. Elle a le cœur brisé, elle en mourra. – Et voilà le père de l'assassin! Assassin!

(César hausse les épaules tristement et sort. En scène, tandis qu'Honorine prépare les paniers de coquillages qu'elle va mettre à l'éventaire, Panisse, Escartefigue et M. Brun l'entourent pour la consoler à voix basse.)

PANISSE

Mais non, Norine. Elle n'en mourra pas... Le temps arrange tout, vous savez...

ESCARTEFIGUE

Et puis, il ne faut pas en vouloir à César, Norine.

Il est encore plus malade que la petite. Nous le disions tout à l'heure encore : nous le voyons déjà parti du ciboulot!

HONORINE *(violente)*

Oh! ça, c'est sûr, et ça sera bien fait.

M. BRUN

Mais non, mais non. Il ne faut rien dramatiser. Fanny est charmante, elle ne manque pas de prétendants... Elle finira par se consoler...

HONORINE

Mais elle ne mange plus rien; elle est pâle comme une bougie.

PANISSE

Et vaï, la jeunesse triomphe de tout!

M. BRUN

Allez, on ne meurt pas d'amour, Norine. Quelquefois, on meurt de l'amour de l'autre, quand il achète un revolver – mais quand on ne voit pas les gens, on les oublie...

HONORINE

(en sortant, ses paniers dans les bras)

On ne les oublie pas toujours, monsieur Brun. J'en ai connu au moins deux qui sont mortes d'amour. Par pudeur, pardi, elles ont fait semblant de mourir de maladie, mais c'était d'amour! *(Elle sort sur la terrasse, on la voit regarder vers la rue, et dire)* Déjà?

Scène IV

FANNY, CÉSAR, HONORINE, PANISSE,
M. BRUN, ESCARTEFIGUE

FANNY *(paraît)*

Je m'ennuyais à la maison. Bonjour, César.

CÉSAR

Bonjour, petite... Tu te sens mieux?

FANNY

Mais oui, je me sens très bien... Bonjour, messieurs!

HONORINE

Pourquoi tu n'es pas restée couchée une demi-heure de plus?

FANNY

Mais parce que je me sens très bien, maman. C'est toi qui me crois malade, mais je n'ai rien du tout!

PANISSE

A la bonne heure!

HONORINE *(grommelant)*

Rien du tout! rien du tout!

M. BRUN

Votre mère vous croyait déjà morte!

FANNY

Oh! vous savez, maman exagère toujours! Les huîtres sont arrivées?

HONORINE

Oui. Tu as ici les deux paniers de Bordeaux, et une caisse de moules de Toulon.

FANNY

Bon.

HONORINE

Alors, je peux aller à la Poissonnerie?

FANNY

Mais bien sûr, voyons!

PANISSE

Nous vous la gardons, Norine!

HONORINE

Bon. Alors, j'y vais... Mais si la fièvre te reprend, tu fermes la baraque et tu rentres te coucher?

FANNY

Oui, si la fièvre me reprend. Mais je te dis que c'est fini!

HONORINE

Fini, fini... Enfin, ça va bien. *(Elle prend sa balance, et sort. Elle revient.)* Tu as bu le café au lait que je t'avais mis sur la table de nuit?

FANNY

Mais oui!

HONORINE

Bon, bon... Alors, je peux y aller?

ESCARTEFIGUE

Mais oui, vous pouvez y aller. Vous ne l'abandonnez pas en pleine mer!

HONORINE

Bon. Alors, j'y vais. J'y vais. A tout à l'heure.

(César s'approche de Fanny et caresse ses cheveux.)

Scène V

CÉSAR, FANNY, PANISSE

CÉSAR

C'est vrai que tu te sens mieux?

FANNY

Mais oui, c'est vrai. Vous ne le croyez pas?

CÉSAR

Oui, tu es peut-être mieux, mais tu n'es pas encore bien brillante! Ah non!... Ah non!

FANNY

Et vous, César, ça va bien?

CÉSAR *(avec force)*

Ça va très bien. Ça va le mieux du monde. J'ai dormi comme un prince. Comme un prince!

PANISSE *(bas)*

Peuchère! Il en a tout l'air!

(A ce moment, un gros homme s'approche de l'éventaire de Fanny. Il est vêtu du costume classique de Marius : guêtres de cuir, casque colonial. Il est ventru et porte la barbe à deux pointes. Il parle avec un extraordinaire accent de Marseille.)

Scène VI

LE GROS HOMME, FANNY

LE GROS HOMME

Hé biengue, mademoiselle Fanylle, est-ce que votre mère n'est pas ici?

FANNY

Non, monsieur. Elle vient de partir à la poissonnerie.

LE GROS HOMME

A la poissonnerille? O bagasse tron de l'air! Tron de l'air de bagasse! Vous seriez bien aimable de lui dire qu'elle n'oubillle pas ma bouillabaisse de chaque jour, ni mes coquillages, bagasse! Moi, c'est mon régime : le matin, des coquillages. A midi, la bouillabaisse. Le soir, l'aïoli. N'oubliez pas, mademoiselle Fanylle!

FANNY
Je n'oublierai pas de le lui dire. Mais à qui faut-il l'envoyer?

LE GROS HOMME
A moi-même : M. Mariusse, 6, rue Cannebière, chez M. Olive.

FANNY
Bon.

LE GROS HOMME
Et n'oubliez pas, o bagasse! Tron de l'air de mille bagasse! O bagasse!

(Il sort. Tous se regardent, ahuris.)

Scène VII

ESCARTEFIGUE, CÉSAR, FANNY, PANISSE, M. BRUN

ESCARTEFIGUE
Mais qu'est-ce que c'est que ce fada?

CÉSAR
C'est un Parisien, peuchère. Je crois qu'il veut se présenter aux élections.

ESCARTEFIGUE

Mais pourquoi il dit ce mot extraordinaire : bagasse?

FANNY

Il le répète tout le temps.

PANISSE

Tu sais ce que ça veut dire, toi?

FANNY

Je ne sais pas, moi, je suis jamais allée à Paris. Nous aussi nous avons des mots qu'un Parisien ne comprendrait pas.

CÉSAR

Bagasse? Pour moi, c'est le seul mot d'anglais qu'il connaisse, alors, il le dit tout le temps pour étonner le monde.

M. BRUN

Eh bien, c'est bizarre, mais je le croyais Marseillais.

CÉSAR

Marseillais?

PANISSE

Oh! dites, vous êtes pas fada?

M. BRUN

Dans le monde entier, mon cher Panisse, tout le monde croit que les Marseillais ont le casque et la barbe à deux pointes, comme Tartarin et qu'ils se

nourrissent de bouillabaisse et d'aïoli, en disant
« bagasse » toute la journée.

CÉSAR *(brusquement)*
Eh bien, monsieur Brun, à Marseille, on ne dit
jamais bagasse, on ne porte pas la barbe à deux
pointes, on ne mange pas très souvent d'aïoli et on
laisse les casques pour les explorateurs – et on fait le
tunnel du Rove, et on construit vingt kilomètres de
quai, pour nourrir toute l'Europe avec la force de
l'Afrique. Et en plus, monsieur Brun, en plus, on
emmerde tout l'univers. L'univers tout entier, monsieur Brun. De haut en bas, de long en large, à pied,
à cheval, en voiture, en bateau et vice versa. Saluta-
tions. Vous avez bien le bonjour, Gnafron.

(Il sort.)

Scène VIII

M. BRUN, PANISSE, ESCARTEFIGUE

M. BRUN
C'est pour moi, tout l'univers?

PANISSE
Ce n'est pas spécialement pour vous – mais tout
de même, vous en faites partie.

M. BRUN
Et Gnafron, c'est dur.

ESCARTEFIGUE

On ne peut plus venir dans ce café sans se faire insulter.

PANISSE

Tu vois bien que c'est un homme qui souffre. Va, sûrement, le chauffeur a raison, son fils ne lui a pas écrit.

M. BRUN

Et ce qui lui fait le plus de mal, c'est qu'il ne veut pas l'avouer à personne : voilà le pire.

PANISSE

Naturellement. Il se garde tout son chagrin sur l'estomac, alors, ça fermente, ça se gonfle, et ça l'étouffe.

ESCARTEFIGUE *(sentencieux)*

Au fond, voyez-vous, le chagrin, c'est comme le ver solitaire : le tout, c'est de le faire sortir.

PANISSE

Tu as raison, Félix. Mais nous, nous n'allons pas le laisser mourir sur place parce qu'il ne veut pas parler. Il faut le sauver.

ESCARTEFIGUE

Et comment tu veux faire? Tu ne peux pas lui rendre son fils?

PANISSE

Non. Mais il faut provoquer ses confidences. Habilement, comme tu penses. Moi, je suis sûr que s'il nous en parle, ça le soulagera, ça lui dégagera le cerveau.

M. BRUN

Fort bien raisonné.

ESCARTEFIGUE

En somme, tu veux lui ouvrir la soupape pour lâcher un peu de vapeur et diminuer la pression?

PANISSE

C'est ça.

M. BRUN

Ce ne sera pas facile, mais on peut toujours essayer.

ESCARTEFIGUE

Après tout, il ne nous mangera pas.

PANISSE

Non, mais peut-être il va nous lancer le siphon à la figure.

M. BRUN

Non, moi, je ne crois pas. Il va tout simplement gueuler.

ESCARTEFIGUE

Oh! ça, cocagne!

PANISSE

Monsieur Brun, vous ne le connaissez pas. Il est violent, vous savez...

ESCARTEFIGUE

Oui, quand il s'y met, c'est terrible.

PANISSE

Ecoute, Félix, la situation est grave. Dans huit jours, ça sera trop tard.

ESCARTEFIGUE

Honoré, tu as raison. Il va gueuler, il va faire un scandale, il va peut-être tout casser, mais tant pis. Hésiter une seconde, ça serait une lâcheté. Nous devons le faire, nous allons le faire. Vas-y, Honoré.

PANISSE

Moi?

M. BRUN

Pourquoi pas?

PANISSE

Bon. J'y vais. Tu me soutiendras?

ESCARTEFIGUE *(stratégique)*

Compte sur moi – je suis la deuxième escadre sous-marine. Je te suis... de loin, et pendant qu'il répond à ta bordée, moi, je plonge... et pan! je le torpille!...

PANISSE

Alors, on y va... Qué, monsieur Brun?

M. BRUN

Ne craignez rien, j'interviendrai.

PANISSE

Allons-y.

ESCARTEFIGUE

Fais-y l'attaque.

(Panisse tousse, affermit sa voix, se lève et se dirige vers César.)

Scène IX

PANISSE, CÉSAR, M. BRUN, ESCARTEFIGUE, L'ANNAMITE

PANISSE

César, tu attends quelqu'un?

CÉSAR *(brusquement)*

Moi? Pourquoi veux-tu que j'attende quelqu'un?

PANISSE

Je ne sais pas, moi. Depuis une heure, tu es là à t'agiter, à regarder la pendule...

CÉSAR

Moi? J'ai regardé la pendule?

PANISSE

Eh bien! il m'a semblé que tout à l'heure...

CÉSAR *(doucement)*

Monsieur Panisse, pourquoi m'espionnes-tu? Par qui es-tu payé? A quoi ça te sert?

PANISSE

Monsieur César, je ne t'espionne pas.

CÉSAR

Pourquoi viens-tu avec des yeux luisants de policier me demander si j'attends quelqu'un?

PANISSE

Mais, César, dans le fond, que tu attendes quelqu'un, ou que tu n'attendes personne, j'ai l'honneur de vous informer que je m'en fous complètement.

CÉSAR

Je ne te demande rien d'autre.

PANISSE

Eh bien! tu es servi.

CÉSAR

Je pourrais, à la rigueur, te prier de ne pas employer, quand tu me parles, des mots aussi grossiers que « je m'en fous ». Mais enfin, comme ta délicatesse naturelle n'est pas assez grande pour te faire sentir les nuances, passons là-dessus. Passons.

(Il sort sur la terrasse.)

PANISSE *(à Escartefigue)*

Et la torpille?

ESCARTEFIGUE

Attends, attends. Toi, tu t'es échoué du premier coup. Mais moi, je vais y aller de face.

PANISSE

Ça m'étonnerait.

M. BRUN

Moi aussi.

ESCARTEFIGUE

Bon. Regardez et écoutez... Soutiens-moi. Pan, je le torpille! César!... *(César se retourne.)* Dis donc, César, moi j'ai comme l'impression que tu attends le facteur?

CÉSAR *(glacé)*

Moi, j'attends le facteur? Et pourquoi j'attendrais le facteur?

ESCARTEFIGUE *(avenant et souriant)*

Je ne sais pas, moi... Peut-être pour voir s'il nc t'apporte pas une lettre de ton fils? Pas vrai, Panisse?

CÉSAR

Halte-là, Félix! Je te défends de te mêler de mes affaires de famille.

ESCARTEFIGUE

Tu sais, je n'ai pas voulu...

CÉSAR

Moi, par exemple, je ne te demande pas si c'est vrai que ta femme te trompe avec le président des

Peseurs-Jurés, n'est-ce pas? Est-ce que je te le demande?

ESCARTEFIGUE

Tu ne me le demandes pas, mais tu me l'apprends! O coquin de sort!

(Il tombe sur une chaise.)

PANISSE

O Félix! la torpille t'a pété dans la main! Pan!... Mais non, ce n'est pas vrai, Félix!

ESCARTEFIGUE *(inquiet)*

Vous l'avez entendu dire, monsieur Brun?

M. BRUN

Mais jamais de la vie! Et je suis bien sûr que ce n'est pas vrai!

CÉSAR *(doucement)*

Que ça soit vrai ou pas vrai, ça ne nous regarde pas. C'est une affaire personnelle entre M. Escartefigue, capitaine du feriboite et Mme Fortunette Escartefigue, son épouse, et aussi, M. le président des Peseurs-Jurés, celui qui a la belle barbe rousse. Moi, je ne veux rien en savoir.

ESCARTEFIGUE

Coquin de sort!

CÉSAR

Eh bien! toi, Félix, imite ma discrétion. Pas de questions sur Marius. *(A Panisse.)* Et toi, beau masque, prends-en de la graine.

PANISSE

Moi, je ne t'ai rien demandé.

M. BRUN

Ni moi non plus.

CÉSAR

Vous ne me demandez rien, mais vous avez une façon de dire : « Je ne t'ai rien demandé » qui signifie : « Nous voulons absolument savoir. » Et vous essayez de me forcer à vous faire des confidences!

M. BRUN

Oh! mais pas du tout, César!

CÉSAR

Il y a longtemps que ça dure, c'est une véritable conspiration! Vous voulez tout savoir? Vous ne saurez rien.

PANISSE

Je t'assure que, pour moi, je ne veux rien savoir du tout.

CÉSAR

Tu ne veux rien savoir du tout?

PANISSE

Je ne veux pas me mêler de tes affaires de famille.

CÉSAR

C'est-à-dire qu'après une amitié de trente ans, tu te fous complètement de tout ce qui peut m'arriver?

PANISSE

Mais non, César... Mais non...

CÉSAR

Mais oui, Honoré, mais oui! Ce sont les propres mots que tu as dits tout à l'heure. Tu as dit : « Je m'en fous complètement. »

PANISSE

Mais j'ai dit ça pour te faire plaisir! Si tu ne veux rien nous dire, ne dis rien, et si tu veux nous dire quelque chose, eh bien, parle!

CÉSAR *(triomphant)*

Et voilà! « Eh bien, parle! » Je savais bien que vous finiriez par me questionner, j'en étais sûr! Eh bien! puisqu'on me force à parler, je vais te répondre.

PANISSE

Non, César, non. On ne te force pas.

CÉSAR

Mais si, mais si. On me force.

M. BRUN

Mais dans le fond...

CÉSAR

Ah! non! Taisez-vous, maintenant. Puisqu'on me *force* à parler, au moins qu'on me laisse la parole!

ESCARTEFIGUE

C'est ça, parle, César. Parle.

Bon. Donc, je vois dans vos yeux et dans ceux de tout le monde – même dans les yeux des passants – que vous avez pitié de moi. Je sais très bien ce que vous devez dire quand je ne suis pas là. Vous dites : « Il doit pleurer, la nuit, tout seul, dans cette grande maison vide... il ne s'occupe plus du bar, il attend des nouvelles de son fils, qui ne lui écrit jamais, et ça brise le cœur de cet homme. » Eh bien ! puisque vous pensez des choses pareilles, puisque vous attachez de l'importance à une histoire qui n'en a pas, et à laquelle je ne pense jamais, il faut que je m'explique une fois pour toutes.

M. BRUN

C'est ça, expliquez-vous. Ça mettra tout au point.

CÉSAR *(à Escartefigue)*

Tout à l'heure, tu m'as demandé si j'attendais le facteur ! Eh bien, non, je n'attends pas le facteur. D'abord, quand un garçon a eu le courage d'abandonner son vieux père, et de ne pas lui écrire une seule fois depuis cinquante-neuf jours – il n'y a guère d'espoir qu'il lui écrive le soixantième.

PANISSE

D'abord, il ne pouvait pas t'écrire avant sa première escale, et sa première escale, c'est Port-Saïd.

CÉSAR

Eh bien ? D'après les journaux, *la Malaisie* a touché Port-Saïd, le 7 août. Il y a douze jours.

ESCARTEFIGUE

Pour que la lettre te revienne, il faut presque deux semaines.

CÉSAR

Allons donc! Il y a un courrier qui fait le voyage en neuf jours!

M. BRUN

Mais il ne le fait pas tous les jours!

(Un temps.)

CÉSAR *(qui change de visage)*

Ah? Vous croyez?

M. BRUN

Mais naturellement, j'en suis sûr!

CÉSAR

Et puis, d'ailleurs, pourquoi perdre son temps à parler de ces choses? Ça ne m'intéresse absolument pas!

(Entre un petit bonhomme d'Annamite vêtu à la mode de son pays. Il est chargé de fleurs en papier, de poupées en papier, de moulinets en papier de couleur piqués autour de son chapeau. Il va vers le comptoir. César passe derrière pour le servir.)

L'ANNAMITE

Café, bon café, chaud! Chaud!

(César prend la « verse », après avoir jeté une tasse

et du sucre sur le comptoir. Il va remplir la tasse lorsque Panisse parle.)

PANISSE

Allons, César, ça ne t'intéresse absolument pas?

(Il fait mine de remplir la tasse. L'Annamite attend d'un air impatient et ravi.)

CÉSAR

Absolument pas.

ESCARTEFIGUE

Allez, vaï!

CÉSAR

Comment « allez vaï »? Pourquoi dis-tu « allez, vaï »? *(Il dépose la « verse ».)* Ah! vous me croyez faible? Vous me prenez pour un molasson! *(Il reprend la verse.)* Vous croyez qu'on peut me tromper, me bafouer, m'abandonner? Je vous ferai voir qui je suis! *(Il verse un gros jet de café bouillant sur le pied nu de l'Annamite, qui bondit en arrière et gazouille d'incompréhensibles injures. César le regarde avec fureur.)* Tu n'es pas content, dis jaunâtre? *(L'Annamite invoque les dieux et profère des malédictions véhémentes.)* Allez, ouste! Fous-moi le camp! *(Il a saisi une matraque. L'Annamite s'enfuit, entouré du tourbillon de ses moulinets de papier.)*

PANISSE

Alors, César, ça ne t'intéresse absolument pas!

ESCARTEFIGUE

Allez! vaï!

CÉSAR

Tenez, une supposition que ce garçon ait eu l'idée d'écrire tous les jours une petite lettre à son père, un petit mot, pour dire : « Je me porte bien, je pense à toi, je me figure ton chagrin... etc... » Une supposition que chaque soir il ait mis sa petite lettre de côté, et que la semaine dernière, en arrivant à Port-Saïd, il les ait toutes mises à la poste d'un seul coup : enfin, une supposition que le facteur se présente à l'instant dans ce bar et qu'il dise : « Voilà pour vous, monsieur César »? Et qu'il me donne un paquet de lettres de trois kilos – de quoi lire toute la nuit, en les lisant trois fois chacune – eh bien, je prendrais le paquet, et je le foutrais sous le comptoir, et je ne l'ouvrirais même pas, parce que ça ne m'intéresse pas!

ESCARTEFIGUE

Allez, vaï!

PANISSE

Allez, vaï! Tu ne nous feras pas croire que tu n'aimais pas ton fils!

CÉSAR

Je ne dis pas ça, au contraire. C'est vrai, je l'aimais beaucoup, cet enfant. Mais après ce qu'il m'a fait, c'est fini.

M. BRUN *(nettement)*

Mais en somme, qu'est-ce qu'il vous a fait?

PANISSE

Oui, en somme?

42

ESCARTEFIGUE

En somme?

CÉSAR

(au comble de la stupeur et de l'indignation)

En somme! En somme! O coquin de pas Dieu! En somme!!!

M. BRUN *(doucement)*

Mais oui, en somme, que vous a-t-il fait?

CÉSAR *(rugissant)*

Il m'a fait qu'il est parti!

M. BRUN

Eh bien! A vingt ans ce garçon n'avait pas le droit de partir?

CÉSAR

Il n'avait pas le droit de partir sans me le dire.

ESCARTEFIGUE

Ça, c'est vrai. Ce qu'il a fait là, ce n'est guère poli.

PANISSE

Mais s'il te l'avait dit, qu'est-ce que tu aurais fait?

CÉSAR

Je lui aurais expliqué qu'il n'avait pas le droit.

PANISSE

Et même, au besoin, tu le lui aurais expliqué à grands coups de pied au cul?

CÉSAR

Naturellement. Je te garantis bien qu'en moins d'un quart d'heure, je lui aurais fait passer le goût de la marine!

M. BRUN

Vous voyez donc qu'il a *bien fait* de ne rien vous dire.

CÉSAR *(il rugit)*

Il a bien fait! C'est ça, vous approuvez le révolté, vous félicitez l'ingrat! Encore un bolchevick, qui veut détruire la famille! Et il faut entendre dire ça dans mon bar! C'est inouï!

M. BRUN

Mais enfin, César, après tout, si cet homme veut naviguer?

CÉSAR *(sincère)*

Cet homme? Quel homme?

M. BRUN

Marius est un homme.

CÉSAR *(éclatant de rire)*

Un homme! Un homme! Marius!!!

M. BRUN

Il a vingt-trois ans. A cet âge, vous étiez déjà marié?

CÉSAR

Moi, oui.

M. BRUN

Vous étiez un homme?

CÉSAR

Moi, oui.

M. BRUN

Alors, ce qui était vrai pour vous, n'est pas vrai pour lui?

CÉSAR *(avec force)*

Non.

M. BRUN

Et pourquoi?

CÉSAR

Pour moi, j'ai toujours raisonné différemment, parce que moi, je n'étais pas mon fils.

M. BRUN

Eh bien, César, permettez-moi de vous dire, avec tout le respect que je vous dois, que vous êtes un grand égoïste.

PANISSE

En voilà un qui ne te l'envoie pas dire.

ESCARTEFIGUE

Et il parle bien, sas!

M. BRUN

Si cet homme veut naviguer, vous n'avez pas le droit de l'en empêcher!

Mais s'il veut naviguer, qu'il navigue, bon Dieu! Qu'il navigue où il voudra, mais pas sur l'eau!

ESCARTEFIGUE *(ahuri)*

Mais alors, où veux-tu qu'il navigue?

CÉSAR

Je veux dire : pas sur la mer. Qu'il navigue comme toi, tiens! sur le vieux port. Ou sur les rivières, ou sur les étangs, ou... et puis nulle part, sacré nom de Dieu! Est-ce qu'on a besoin de naviguer pour vivre? Est-ce que M. Panisse navigue? Non, pas si bête! Il fait les voiles, lui! Il fait les voiles, pour que le vent emporte les enfants des autres!

Scène X

LE FACTEUR, FANNY, PANISSE, ESCARTEFIGUE

(Le facteur paraît sur la porte. Il tend à César une lettre épaisse et un journal. Fanny qui l'a suivi des yeux, fait un pas vers lui.)

LE FACTEUR

Monsieur César, voilà pour vous!

(César prend la lettre et le journal et ne bouge plus.)

FANNY *(au facteur)*

Vous n'avez rien pour moi? Fanny Cabanis?

LE FACTEUR

Oh! mais je vous connais, mademoiselle! Non, je n'ai rien pour vous.

FANNY

Vous m'avez peut-être laissé une lettre chez moi, au 39, quai du Port?

LE FACTEUR

Ah! si! J'ai laissé un prospectus des *Nouvelles Galeries*.

FANNY

Rien d'autre?

LE FACTEUR

Rien d'autre pour aujourd'hui. Ce n'est pas ma faute, vous savez... Moi, je les porte, les lettres. Mais ce n'est pas moi qui les écris!

(Il sort une lettre de sa boîte et s'adresse à toutes les personnes présentes.)

LE FACTEUR

Est-ce que quelqu'un connaît señor Miraflor y Gonzalès y Cordoba, 41, quai du Port?

PANISSE

C'est Tripette, le tondeur de chiens.

LE FACTEUR

Tripette s'appelle comme ça?

47

A ce qu'il paraît.

Et il habite au 41?

Non, peuchère! Il habite nulle part. Mais comme il est toujours assis sur la porte du 41, il donne cette adresse, té, pour de dire d'en avoir une.

Ah? C'est Tripette? Merci. *(Il sort.)* O Tripette! O Tripette! O Tripette!

(César pose la lettre sur le comptoir, d'un geste décidé. Il garde le journal, et va s'asseoir sur la banquette pour le lire. Fanny va lentement au comptoir, regarde la lettre et pâlit.)

Scène XI

FANNY, CÉSAR, PANISSE, ESCARTEFIGUE, M. BRUN

Une lettre de Port-Saïd!... César, elle est lourde...

(César sourcille du coin de l'œil.)

CÉSAR

Et après?

FANNY

César, c'est de lui, c'est de Marius. C'est écrit
derrière...

CÉSAR

Et après?

FANNY

César, lisez-la... Vite, lisez-la.

CÉSAR

Laisse ça, je te prie.

FANNY

Lisez-la.

CÉSAR

Je préfère mieux lire mon journal. Le Journal des
Limonadiers.

PANISSE *(avec douceur)*

Allons, César.

CÉSAR

Quoi, allons César?

PANISSE

Si tu veux lire cette lettre, nous te chinerons pas.

ESCARTEFIGUE *(bon enfant)*

On sait bien que ce que tu as dit, c'était pour
parler.

PANISSE

César, je me mets très bien à ta place : tu as envie de lire cette lettre, et tu luttes contre cette envie à cause de nous, parce que nous sommes là; permets à ton vieil ami de te dire que c'est de l'amour-propre mal placé.

CÉSAR

Quoi?

ESCARTEFIGUE

Je te dirai, César – et pourtant, il faut du courage – mais je te dirai... puisque c'est mon devoir, je te dirai... exactement comme Panisse, qui l'a dit le premier : c'est de l'amour-propre mal placé.

CÉSAR

Les observations d'un ancien cocu et d'un cocu de l'active n'ont sur moi aucune influence.

PANISSE *(vexé)*

A qui fait-il allusion?

ESCARTEFIGUE *(perplexe)*

Je me le demande.

CÉSAR *(il lit son journal)*

Le Journal des Limonadiers. Té, on nous augmente le Picon. Seize sous par bouteille. Naturellement. *(Il calcule.)* Dans une bouteille, il y a seize verres. Ça va faire, pour les clients, quatre sous par verre. Et l'anisette, même romance. Enfin, tant pis. Que faire? Nous sommes bien forcés d'accepter. N'est-ce pas? Tiens, il y aura le Congrès des Limonadiers au mois de février, à Toulon. Ça, je ne le manquerai pas.

PANISSE

Allons, César!

CÉSAR

Quoi, allons César! Parfaitement, j'irai au Congrès des Limonadiers? Ce n'est pas toi qui vas m'en empêcher, peut-être?

PANISSE

Non certainement. Mais enfin, tu as là des nouvelles de ton fils, et tu devrais bien...

FANNY (doucement suppliante)

César, ouvrez la lettre.

PANISSE

Pour faire plaisir à la petite!

CÉSAR (à Fanny)

Ça t'intéresse donc tant que ça, d'avoir des nouvelles de ce navigateur dénaturé? Moi, non.

M. BRUN (il prend la lettre)

Voyons, César? Si vous ne l'ouvrez pas, je vais l'ouvrir!

CÉSAR

Oh! nom de Dieu! Vous allez tous m'empoisonner avec cette lettre! Eh bien, té, moi, je m'en vais la mettre à l'abri.

51

(Il prend la lettre que lui tend M. Brun et s'enfuit dans la cuisine. Fanny veut le suivre, mais on l'entend fermer la porte à clef.)

M. BRUN

Il va la lire dans la cuisine!

PANISSE

Oh! ça, certainement.

M. BRUN

Et nous, vous ne savez pas ce que nous devrions faire, maintenant?

ESCARTEFIGUE

Non?

M. BRUN

Eh bien, nous devrions nous en aller, discrètement, pour ne pas gêner sa rentrée.

PANISSE

Bonne idée.

M. BRUN

Nous sommes d'accord?

ESCARTEFIGUE *(il s'assoit)*

Oui, ñous sommes d'accord!

M. BRUN *(sarcastique)*

Nous sommes d'accord, mais vous vous asseyez! Vous voulez tout voir. Eh bien, monsieur Escartefigue, j'ai entendu dans ce bar assez de calomnies contre les Lyonnais pour avoir le droit de formuler ceci : à Lyon, on sait ce que c'est que la pudeur et la discrétion. Au revoir, messieurs.

(Il sort.)

Scène XII

ESCARTEFIGUE, PANISSE

ESCARTEFIGUE *(stupéfait)*

Qué pudeur? Pudeur?...

PANISSE

Dis donc, Félix, tu devrais aller voir si Cadagne est réveillé.

ESCARTEFIGUE

Tu crois qu'il faut que j'y aille?

PANISSE

Les premières parties commencent à neuf heures. Quand on est du Jury, il faut avoir la politesse des rois. Va chercher Cadagne, va.

ESCARTEFIGUE *(tristement)*

Alors, j'y vais. J'y vais.

PANISSE

Ce n'est pas tellement loin, il y a quarante mètres.

Il y a quarante mètres en passant par là-devant. Mais en passant par la place de Lenche, il y a au moins deux cents mètres.

PANISSE

Et pourquoi tu irais faire le tour?

ESCARTEFIGUE

Eh! couillon, en faisant le grand tour, je reste à l'ombre.

(Il sort.)

Scène XIII

PANISSE, FANNY, ESCARTEFIGUE

PANISSE

Fanny! *(Elle s'approche de lui, elle sourit, toute pâle.)* Ne tremble pas comme ça! Il y a sûrement beaucoup de choses pour toi, dans cette lettre.

FANNY

Oh! non, Panisse... Je ne crois pas...

PANISSE *(avec douceur)*

Tu ne le crois pas, mais tu l'espères. C'est bête l'amour, tout de même.

FANNY

Ce n'est pas bête, mais c'est mauvais.

PANISSE

Je sais bien que c'est surtout de l'imagination, mais ça peut faire souffrir quand même... Tu es bien pâlotte, Fanny... Tu devrais bien voir le docteur.

FANNY

Bah! Pourquoi?

PANISSE

Mais parce qu'un docteur te renseignera. Il te dira si tu n'as pas de l'anémie, il te marquera des choses pour te donner de l'appétit, *exétéra*...

FANNY

Vous connaissez ma mère. Si je parle d'aller au docteur, elle me croira perdue.

PANISSE

Eh bien, qui t'empêche d'y aller toute seule? Va chez le Dr Venelle. Il habite dans ma maison, c'est un bon papa... Vas-y une après-midi... Si tu veux, je te donnerai les sous...

FANNY

Oh! non, merci. J'en ai...

(Paraît Escartefigue.)

ESCARTEFIGUE

Il est réveillé. Il est même tout prêt à partir.

PANISSE

Il n'est pas saoul, au moins?

ESCARTEFIGUE

Oh! non! Il s'est mis le col et la redingote, et il s'est ciré les souliers que je te dis que ça... Il nous attend.

PANISSE

Alors, on y va. *(Il se lève.)* Ne sois pas inquiète pour la lettre, Fanny. Aie patience quelques minutes. Dans un quart d'heure, il va te la lire et avant ce soir il va la réciter à tout Marseille.

ESCARTEFIGUE

Allez, Honoré, tu viens?

(Panisse sort.)

Scène XIV

CÉSAR, L'ITALIEN, FANNY, HIPPOLITRE

(A ce moment, la porte de la cuisine s'ouvre et César paraît, illuminé. Il tient la lettre à la main.)

CÉSAR

Fanny! Il est bien! Il se porte bien! Viens ici, viens. Assieds-toi là. Tu vas me relire la lettre, bien comme il faut. Tiens.

(Il lui donne la lettre. Il va s'asseoir pour écouter la

lecture. A ce moment, paraît sur le seuil un client.
C'est un Italien. César va vers lui.)

CÉSAR

Non, non. On n'entre pas... On ne sert pas...

L'ITALIEN

Perché?

CÉSAR *(il montre les bouteilles)*

Mauvais! Les bouteilles empoisonnées!

L'ITALIEN

Ma qué? Ma qué?

CÉSAR

Empoisonnato! La colica frénética et la morte!
Allez chez Mostégui, au coin. Excellentissimo! Gra-
ziossimo minestrone!

L'ITALIEN

Esta pa un poco mato?

CÉSAR

Si, si. Completemente fada! absoloutamente!
(L'Italien hausse les épaules et s'en va.) (Au chauf-
feur.) Frise-poulet! Sers tout ce qu'on voudra sur la
terrasse, mais ne laisse entrer personne!

(César va s'installer sur la banquette. Fanny s'as-
sied en face de lui, et elle commence la lecture à
mi-voix.)

FANNY *(elle lit)*

« *Mon cher Papa, pardonne-moi mon cher papa, la*

peine que j'ai pu te faire : je sais bien comme tu dois
être triste depuis que je suis parti, et je pense à toi tous
les soirs... »

CÉSAR
(il parle au chapeau de paille)

Bon. Il pense à moi tous les soirs, mais moi, grand
imbécile, je pense à toi toute la journée! Enfin,
continue.

FANNY

« Pour dire de t'expliquer toute la chose et de
quelle façon j'avais cette envie, je ne saurais pas te
l'écrire. Mais tu n'as qu'à demander à Fanny : elle a
connu toute ma folie. »

CÉSAR *(il parle au chapeau)*

Folie, c'est le mot. Ça me fait plaisir de voir que tu
te rends compte!

FANNY

« Maintenant, laisse-moi te raconter ma vie...
Quand je suis parti, on m'avait mis aide-cuisinier. »

CÉSAR

Aide-cuisinier! Ils ont dû bien manger sur ce
bateau! Au bout d'un mois il n'y aura plus que des
squelettes à bord. Ça va être le bateau-fantôme.

FANNY

« Mais au bout de quelques jours, ils m'ont rem-
placé par un autre homme de l'équipage qui s'était
blessé à la jambe en tombant dans la cale, et moi, j'ai
pris sa place sur le pont. »

CÉSAR

Bon. Maintenant, attention, ça va devenir terrible!

FANNY

« *Je ne t'ai pas écrit plus tôt parce que en arrivant à Port-Saïd, nous avons eu de gros ennuis. Comme un matelot du bord était mort d'une sale maladie, les autorités ont cru que peut-être c'était la peste, et on nous a mis en quarantaine.* »

CÉSAR *(exorbité)*

La Peste! Tu entends, la peste! Coquin de sort! La peste sur son bateau! Et dire que quand un de ses camarades de l'école communale attrapait les oreillons, je gardais M. Marius à la maison pendant un mois, pour le préserver! Et maintenant il s'en va nager dans la peste! De la peste jusqu'au cou!

FANNY

Mais il ne l'a pas eue, lui, puisqu'il vous écrit.

CÉSAR

Il ne l'a pas eue, mais il a bien failli l'avoir! Et puis ça n'empêche pas que c'est une maladie terrible. La peste, le cou gonflé, la bouche ouverte, la langue comme une langue de bœuf! Et le corps couvert de pustules et l'estomac en pourriture et le nombril tout gonflé et noir comme un oursin! Ah! coquin de sort! Ah! Marius! tu n'as pas fini de nous faire faire du mauvais sang! Va, continue!

FANNY

« *Mais les docteurs du Port ont tout démantibulé le*

pauvre mort pour voir ce qu'il avait, et ils ont dit que ce n'était pas la peste. »

CÉSAR

Tant mieux!

FANNY

« Maintenant, nous voilà délivrés, et nous allons repartir pour Aden. Ce voyage est merveilleux; si je voulais te raconter tout ce que je vois, je n'en finirais pas de te le raconter. Mais malheureusement, on ne s'est pas arrêté en route, ce qui est bien regrettable, surtout que nous sommes passés au large de plusieurs îles, où se trouve la célèbre ville grecque d'Athènes, qui était autrefois la grande forteresse des Romains. »

CÉSAR *(fier)*

Ça se voit qu'il est avec des savants.

FANNY

« Enfin, tout va très bien, et ma nouvelle vie me plaît beaucoup. Je suis maintenant au service des appareils océanographiques. »

CÉSAR

Ah! celui-là, je n'avais pas pu le lire!

FANNY

« Nous allons nous en servir bientôt pour mesurer les fonds de l'Océan Indien. »

CÉSAR *(ravi)*

Tu t'imagines ce petit qui faisait semblant de ne pas savoir mesurer un Picon-grenadine et qui va mesurer le fond de la mer! Qu'est-ce que je dis, la mer? L'Océan! Le fond de l'Océan, et Indien!

FANNY

« *Tous ces messieurs les savants sont très gentils avec moi. Celui des appareils m'a pris en amitié, je lui ai raconté toute mon histoire : il dit que cette envie de naviguer, ça ne l'étonne pas, parce que, comme je suis Marseillais, je suis sûrement le fils de Phénicien.* »

CÉSAR *(inquiet)*

Félicien? Où? Où? Qu'est-ce que ça veut dire?

FANNY

Il y a bien : le fils de Phénicien.

CÉSAR

Le fils de Félicien? Et moi, alors, je ne serais pas son père? *(Brusquement.)* Ah! je comprends! je t'expliquerai. Continue, il y a quelque chose pour toi un peu plus loin...

FANNY

« *Enfin, tout ça va très bien et j'espère que ma lettre te trouvera de même, ainsi que Fanny.* »

CÉSAR *(affectueux)*

Ainsi que Fanny! Tu vois qu'il pense toujours à toi.

FANNY

« *Donne-moi un peu des nouvelles de sa santé et de son mariage avec ce brave homme de Panisse. Elle sera sûrement très heureuse avec lui, dis-le-lui bien de ma part. »*

CÉSAR *(gêné)*

Tu vois, dis-le-lui de ma part. Tu vois, il pense à toi.

FANNY

« *Ecris-moi à mon nom : bord de* la Malaisie. *A Aden. Nous y serons le 15 septembre. Je t'embrasse de tout mon cœur. Ton fils, Marius.* »

CÉSAR *(avec émotion)*

Ton fils, Marius.

FANNY

En dessous, il y a : « *Ne te fais pas de mauvais sang, je suis heureux comme un poisson dans l'eau.* »

CÉSAR *(mélancolique)*

Eh! oui, il est heureux... Il nous a laissés tous les deux et pourtant, il est ravi... *(Fanny pleure. César se rapproche d'elle.)* Que veux-tu, ma petite Fanny, il est comme ça... et puis, il faut se rendre compte qu'il ne doit pas avoir beaucoup de temps pour écrire, et puis sur un bateau, c'est difficile; ça remue tout le temps, tu comprends... Evidemment, il aurait pu mettre quelque chose de plus affectueux pour moi – et surtout pour toi... Mais peut-être que juste au moment où il allait écrire une longue phrase exprès pour toi, une phrase bien sentimentale, peut-être qu'à ce moment-là, on est venu l'appeler pour mesurer l'océanographique? Moi, c'est comme ça que je me l'explique... Et puis, c'est la première lettre... Il y en aura d'autres! Té, maintenant, nous allons lui répondre. Et comme je n'écris pas très bien, parce que j'ai la main un peu grosse pour le porte-plume, tu vas écrire la lettre pour moi, tiens, cherche un sous-main et du papier, pendant que je mets le guichet, comme ça nous serons plus tranquilles.

(Il va verrouiller la porte. Fanny apporte un encrier, des plumes et du papier. Il s'assoit et il dicte.)

« *Mon cher enfant,*

« *Enfin, je reçois ta première lettre. Elle n'est pas bien longue... et j'espère que la prochaine durera au moins dix pages ou même vingt. Ce que tu me dis sur ton voyage est tout à fait intéressant et tes savants ne sont pas bêtes, surtout celui qui t'a dit que tu dois être le fils de Félicien, il ne s'est pas trompé de beaucoup, puisque Félicien, c'était le père de ta mère et par conséquent, tu as un peu de son sang.* » Regarde un peu ce que c'est, ces savants, rien qu'à le voir, ils sont allés deviner le nom de son grand-père!

(On frappe à la porte.)

UNE VOIX

Oou! Il n'y a personne?

CÉSAR

C'est Hippolitre! O Hippolitre!

HIPPOLITRE

Pourquoi tu es fermé?

CÉSAR

Si tu veux boire, reviens dans une heure!

HIPPOLITRE *(doucement, insistant)*

Mais pourquoi tu es fermé?

CÉSAR

Fermé pour cause de correspondance!

(On entend Hippolitre éclater de rire.)

HIPPOLITRE

Oyayaï! Oyayaï!

CÉSAR

Voilà ce que c'est qu'un illettré! Où j'en étais-je?
Continuons, attention : « *Quand tu vas commencer à
mesurer le fond de la mer, fais bien attention de ne pas
trop te pencher, et de ne pas tomber par-dessus bord –
et là où ça sera trop profond, laisse un peu mesurer les
autres.* » Je le connais, moi, M. Marius; quand il
avait 4 ans, un jour que je l'avais mené à la pêche sur
la barquette de Panisse, il se penche pour regarder sa
ligne – et pouf – un homme à la mer! C'est vrai qu'à
ce moment-là, il avait la tête plus lourde que le
derrière, et que depuis ça s'est arrangé. Relis-moi la
dernière phrase.

FANNY

« *Laisse un peu mesurer les autres.* »

CÉSAR

Souligne *les autres*. Bien épais. Bon. « *Et si
quelqu'un... à bord, avait la peste, ne lui parle que de
loin et ne le fréquente plus, même si c'était ton*

*meilleur ami. L'amitié est une chose admirable, mais
la peste, c'est la fin du monde.*

« *Ici, tout va bien et je me porte bien, sauf une
colère terrible qui m'a pris quand tu es parti, et qui
n'est pas encore arrêtée.*

« *La petite Fanny ne va pas bien. Elle ne mange
pour ainsi dire plus rien et elle est toute pâlotte.
(Fanny s'est arrêtée d'écrire.) Tout le monde le
remarque et dans tout le quartier les gens répètent
toute la journée :* « *La petite s'en ira de la caisse, et
César partira du ciboulot.* » *Aussi, Honorine me fait
des regards sanglants, et chaque fois qu'elle me
regarde, je me demande si elle ne va pas me tirer des
coups de revolver, et j'en ai le frisson de la mort.* »
Pourquoi tu n'écris pas?

FANNY

Ecoutez, César, ça, je ne crois pas que ce soit
nécessaire de le mettre – parce que ça va lui faire de
la peine.

CÉSAR *(hargneux)*

Eh bien? Il ne nous en a pas fait, à nous de la
peine?

FANNY

Oui, mais ça ne sert à rien de la lui rendre.

CÉSAR

Au fond, c'est vrai, ça ne sert à rien... Alors,
qu'est-ce que nous mettrons à la place?

FANNY

Attendez : je vais vous l'écrire.

CÉSAR

Non, non, ne l'écris pas. Dis-le-moi d'abord.

FANNY

Nous mettrons : la petite Fanny est comme d'habitude. Pour son mariage avec Panisse, je crois bien que rien n'est encore fait, mais peut-être, je ne sais pas tout.

CÉSAR

Excellent.

FANNY

De temps en temps, nous parlons de toi gentiment, sur la terrasse du café – et quelquefois, le soir, quand tout est calme, pendant qu'Escartefigue fait la conversation avec Panisse et M. Brun, il nous semble réellement que tu n'es pas parti si loin, que tu es tout juste monté à la gare pour lui descendre ses paniers d'huîtres et que tu vas paraître sur la porte avec ton chapeau de paille et ton petit mouchoir autour du cou...

(Elle pleure. César se lève, lui tourne le dos et se mouche horriblement.)

RIDEAU

DEUXIÈME TABLEAU

Le décor représente la cuisine d'Honorine, éclairée par des cuivres et des carreaux rouges.

Au milieu, Claudine est assise. C'est une belle commère de trente-cinq ans. Elle a une robe verte, par-dessus laquelle elle a mis un tablier. Et tout en parlant avec sa sœur, elle tourne vigoureusement l'aïoli dans un mortier qu'elle serre entre ses genoux.

Honorine s'occupe de la marmite en bougonnant.

Scène I

HONORINE, CLAUDINE

HONORINE

Et comment ça se fait qu'elle n'est pas à son éventaire, ce matin? Elle s'est encore fait remplacer par la femme d'Escartefigue.

CLAUDINE

Oh! écoute, ma sœur, quand elle veut aller travailler, c'est toi qui lui dis de rester couchée ou d'aller se promener; et si par hasard, elle a envie de faire une petite promenade, alors, tu protestes. Ce n'est pas juste. Tu as peur qu'elle soit allée avec un galant?

HONORINE

Malheureusement, ce n'est pas ça qui m'inquiète! Si elle pouvait prendre un galant et se marier, le plus tôt possible! Qu'elle épouse un singe, si elle veut, mais qu'elle se marie!

CLAUDINE

Moi, je trouve qu'il n'y a pas le feu à la maison. Après tout, elle a dix-neuf ans et s'il faut qu'elle attende son fiancé pendant deux ans, il n'y a pas de quoi s'arracher les cheveux!

HONORINE *(sèchement)*

Ce monsieur-là n'est pas son fiancé. Et elle ne peut pas attendre deux ans.

CLAUDINE

Et pourquoi?

HONORINE

Parce qu'elle est déshonorée. Il n'y a qu'un mariage pour lui rendre sa réputation. Tout le monde sait qu'elle a été la maîtresse de ce petit mastroquet. Tout le quartier ne parle que de ça.

CLAUDINE *(innocente)*

Mais qu'est-ce qu'ils peuvent savoir?

HONORINE *(rageuse)*

Que le soir à dix heures, Marius entrait ici avec elle et qu'il en sortait vers les sept heures du matin.

CLAUDINE

Et qu'est-ce que ça prouve? Quand deux personnes sont toutes seules dans une chambre, va-t'en un peu savoir ce qu'ils font!

HONORINE *(avec mépris)*

Tais-toi, vaï, tais-toi!

CLAUDINE

Moi, je n'ai pas le mauvais esprit et je me dis : peut-être ils se parlaient tendrement, peut-être, ils faisaient des projets ou peut-être, ils se disputaient.

HONORINE

Ou peut-être ils jouaient aux cartes! Tais-toi, va, tu n'es qu'une grosse bête!

CLAUDINE *(désespérée)*

Ça, il y avait longtemps que tu ne me l'avais pas dit! Et toujours il faudra que j'entende ça! La pauvre maman, elle, m'appelait coucourde! A l'école, quand je me trompais, la maîtresse disait : « Ne riez pas, soyez charitables, et ce n'est pas de sa faute si elle est bête! » J'en ai assez moi, à la fin! Tu crois que ça ne me ferait pas plaisir d'être intelligente comme toi?

HONORINE

Ne te fâche pas, va, ma belle Claudine!

CLAUDINE *(en larmes)*

Laisse-moi, laisse-moi. C'est bien possible que je sois bête, mais tout ce que je fais, je le fais de bon cœur.

(On entend sonner le timbre de la porte d'entrée. Honorine tire le cordon.)

Scène II

LE FACTEUR, HONORINE, CLAUDINE

(On entend dans le corridor une voix sonore.)

LE FACTEUR

Madame Cabanis.

HONORINE

C'est le facteur.

(Honorine ouvre la porte. Le facteur paraît.)

LE FACTEUR

Une lettre recommandée, et ça vient de Toulon.

HONORINE

C'est de mon fournisseur de moules. *(Elle prend le petit carnet.)* Où c'est que je signe?

LE FACTEUR

Là. *(Pendant qu'Honorine signe, le facteur se tourne galamment vers Claudine.)* Alors, madame Claudine, vous êtes un peu Marseillaise, aujourd'hui?

CLAUDINE

Eh oui! Je viens passer la journée chez ma sœur.

LE FACTEUR

Elle est si brave votre sœur!

CLAUDINE

Ah oui! qu'elle est brave!

LE FACTEUR *(machiavélique)*

Moi, vous savez comment je le sais qu'elle est brave?

CLAUDINE

Non, je ne sais pas.

LE FACTEUR

Eh bien, je le sais, parce que chaque fois que je lui apporte une lettre recommandée, c'est rare si elle m'offre pas un verre de petit vin blanc?

HONORINE

Mais c'est tout naturel! et aujourd'hui, ça sera comme les autres fois!

LE FACTEUR *(digne)*

Ah! non, pas aujourd'hui.

HONORINE

Et pourquoi?

CLAUDINE

Vous êtes malade?

LE FACTEUR

Oh! non, pas du tout, seulement après ce que je viens de dire, vous pourriez vous imaginer que je l'ai demandé. Ça ne serait pas délicat.

HONORINE

Qué, délicat! Tenez, c'est du bon petit vin de Cassis!

(Elle verse un verre de vin.)

LE FACTEUR

Parce que les choses qu'on vous offre, ça fait toujours plaisir. Mais s'il faut les demander, eh bien, moi, ce n'est pas mon genre. A la vôtre.

(Il boit.)

CLAUDINE *(à voix basse, à Honorine)*

Demande-z'y!

HONORINE

Quoi?

CLAUDINE

Ce que tu me disais tout à l'heure, il le sait, lui.

HONORINE

C'est vrai. *(Elle s'approche du facteur.)* Dites, facteur, il faudrait que je vous demande un renseignement.

LE FACTEUR
(il se verse un verre de vin blanc)

Bon. Allez-y, Norine.

HONORINE

Est-ce que ma fille reçoit des lettres du fils de César?

LE FACTEUR *(digne)*

Ah! permettez. Cette question, je n'ai pas le droit d'y répondre.

CLAUDINE

Et pourquoi?

LE FACTEUR

Et le secret professionnel? Qu'est-ce que vous en faites? Vous savez ce que c'est, vous, le secret professionnel? Non. Moi je le sais.

HONORINE

Ecoutez, il s'agit de ma fille. Il s'agit de choses très importantes pour moi. Dites-moi seulement oui ou non.

LE FACTEUR *(solennel)*

Honorine, malgré toute mon amitié pour vous, et malgré mon respect pour votre vin blanc, je ne peux rien vous dire. Impossible. Je voudrais parler, mais je ne peux pas. Figurez-vous que j'ai sur la bouche un de ces gros cachets de cire rouge qu'on met sur les lettres chargées. Simplement. Alors, je voudrais parler, j'essaie, mais je ne peux pas.

HONORINE

Allez! vaï!

CLAUDINE

Ce n'est pourtant pas difficile de dire oui ou non.

LE FACTEUR

Mais malheureuse, réfléchissez une demi-seconde. Dans cette boîte, il y a chaque matin les secrets de toutes les familles du quai de Rive Neuve. Si j'allais dire, même à ma femme, même dans l'obscurité, même à voix basse, que M. Lèbre reçoit *à son bureau* de petites lettres roses comme celle-ci. *(Il brandit une lettre.)* Elle vient d'Antibes, du Casino où chante Mlle Félicia. Si j'allais dire que cette lettre *(Il brandit une autre lettre.)* adressée à Mme Cadolive, vient de la prison d'Aix où son fils aîné finit ses trois ans, pour cambriolage... Qu'est-ce que vous penseriez de moi? Non, non, ça c'est le secret professionnel! et celui qui ne le respecte pas, c'est un mauvais facteur qui mérite d'aller en galère. Aussi, moi je ne lis même pas les cartes postales; je ne lis que l'adresse, de l'œil droit.

CLAUDINE
(elle lui verse un autre verre de vin)

Mais ce que ma sœur vous demande, ça ne risque pas de faire un drame.

HONORINE

Si vous me le dites, vous me donnez un renseignement bien précieux pour le bonheur de ma petite. Allez, vaï! soyez brave! dites-le-moi!

LE FACTEUR *(digne)*

Revêtu de cet uniforme, je suis l'esclave du devoir, Honorine, esclave. Mais peut-être qu'avec un peu d'intelligence, nous pourrions nous arranger. Fermez la fenêtre. Attention? Regardez-moi bien. Et posez-moi votre question.

HONORINE

Est-ce que Fanny reçoit des lettres de Marius?

LE FACTEUR

Attention au mouvement. *(De la tête, il dit non.)*

HONORINE

Vous êtes sûr qu'elle n'en reçoit pas?

LE FACTEUR

Attention. Regardez-moi bien. *(De la tête, il dit oui.)*

CLAUDINE

Vous en êtes sûr qu'elle n'en a jamais reçu?

LE FACTEUR

Regardez-moi bien. *(De la tête, il dit oui.)*

HONORINE

Mais si jamais elle en reçoit une, vous me préviendrez?

LE FACTEUR *(indigné)*

Mais non, mais non, je n'ai pas le droit. Je ne vous préviendrai pas.

CLAUDINE

Allez, vous n'êtes pas gentil.

LE FACTEUR

Tant pis! Moi, je ne tiens pas à être gentil. Je fais mon devoir, voilà tout! Si Marius lui écrit et que je le voie par les tampons sur l'enveloppe, je ne vous le dirai pas. Seulement, n'est-ce pas, elle a le même nom que vous. Alors, il pourrait arriver par hasard que je me trompe et que je vous donne la lettre à vous! Mais ça ne serait pas de ma faute.

HONORINE

Ah! ça serait parfait!

LE FACTEUR

Ce serait parfait si ça arrivait. Alors, au revoir, Norine. Et excusez-moi.

HONORINE

De quoi?

De n'avoir pu vous donner le renseignement. Si j'avais pu, ça aurait été avec plaisir. Mais qu'est-ce que vous voulez, je n'ai pas le droit. C'est le secret professionnel.

(Il sort.)

Scène III

CLAUDINE, HONORINE

CLAUDINE

Eh bien, tant mieux, qu'il ne lui écrive pas. Parce que comme ça, ça va lui passer. Elle l'oubliera.

HONORINE

Oui, elle l'oubliera ou bien elle va mourir de mauvais sang.

CLAUDINE *(rêveuse)*

Tu crois? Mais alors, ça serait un amour comme au cinéma. Une passion. C'est terrible, mais quand même c'est beau.

HONORINE

Ah! tu trouves que c'est beau, toi? Ça te paraît beau ma situation? Elle est désespérée, ma situation. Je ne dors plus, je ne mange plus, je n'ose plus regarder mes amies.

Va, n'exagère pas, Honorine. Moi, dans ma petite jugeotte, je ne m'effrayais pas trop jusqu'à maintenant. Je me pensais : petit à petit, elle va l'oublier et à la fin des fins, si elle n'en trouve pas un qui soit mieux, elle épousera Maître Panisse.

HONORINE

Ah! moi aussi, je l'espérais!

CLAUDINE

Eh bien, tu vois que je ne suis pas si bête que ça, puisque je pensais comme toi.

HONORINE

Eh oui, mais moi, quand je pensais ça, j'étais aussi bête que toi. Parce que maintenant, même si elle reprend le dessus, même si elle accepte maître Panisse, eh bien, ça ne se fera pas, parce que c'est Panisse qui ne voudra plus.

CLAUDINE

Et pourquoi il ne voudrait plus?

HONORINE

Mais à cause de toute la comédie, parbleu! Tu crois que c'est rassurant pour un homme de cinquante ans, d'épouser une jeune fille qui meurt d'amour en public, pour un autre?

CLAUDINE *(inquiète)*

Il te l'a dit?

Mais non, il ne me l'a pas dit, mais quand je le rencontre, il ne me dit plus rien.

CLAUDINE *(même jeu)*

Il ne te parle plus?

HONORINE

Il me parle de la pluie et du beau temps, mais de la petite plus un mot! *(Le timbre de la porte d'entrée retentit. Honorine se lève en disant :)* Qu'est-ce que c'est? *(Puis elle va tirer sur le levier qui ouvre la porte. Enfin, elle ouvre la porte de la salle à manger, regarde dans le corridor et dit avec étonnement.)* C'est un monsieur avec un chapeau gibus.

CLAUDINE *(effrayée)*

Moun Diou! C'est peut-être un huissier!

HONORINE *(indignée)*

Mais pourquoi ce serait un huissier? Moi, je dois rien à personne!

(La porte s'ouvre, entre Panisse en habit et chapeau gibus et gants blancs.)

Scène IV

HONORINE, PANISSE, CLAUDINE,
LE CHAUFFEUR

HONORINE

Mon Dieu, c'est vous, Panisse?

PANISSE *(souriant)*

Eh oui, c'est moi. Bonjour, mesdames.

CLAUDINE *(coquette)*

Bonjour, Maître Panisse, et comment ça va?

PANISSE

Mais ça va très bien, chère madame Claudine, et vous-même?

CLAUDINE

Comme vous voyez, ça ne va pas mal!

PANISSE *(galant)*

Moi, je vous trouve très en beauté.

HONORINE

C'est vous qui êtes beau. Quand je vous ai vu dans le couloir, vous m'avez fait peur.

PANISSE

C'est-à-dire que je viens du mariage d'un vieil ami, Ulysse Pijeautard, le gantier de la rue Paradis. Et voilà pourquoi je suis en habit.

CLAUDINE *(admirative)*

Et gants blancs.

PANISSE *(charmé)*

Et gants blancs, comme vous voyez.

CLAUDINE

Ça vous va bien, vous savez?

PANISSE *(désinvolte)*

Oui, l'habit ça flatte toujours; et ce n'est pas moi qui suis élégant, c'est mon costume.

CLAUDINE *(flatteuse)*

Ah! ne dites pas ça, maître Panisse! Il faut savoir le porter! Et vous, vous le portez bien. Pas vrai, Norine?

(Les deux sœurs ont échangé un coup d'œil d'intelligence.)

HONORINE

Ah! oui, pour ça, il le porte bien. Mais comment ça se fait que vous ne soyez pas resté au banquet de la noce?

PANISSE

Parce qu'aujourd'hui, c'était le mariage à la mairie. Le banquet ça sera demain et d'abord, ça ne sera pas un banquet. Ça sera un « lonche ». C'est un mot anglais. Ça veut dire banquet d'ailleurs, mais c'est beaucoup plus distingué.

HONORINE

Et c'était joli, cette noce?

PANISSE

C'était charmant. C'était même émouvant. Pour moi, surtout. Pijeautard était veuf comme moi. Et à peu près de mon âge, comme moi. Et il a épousé une jeune fille ravissante. Oui, sa caissière. Toute jeune.

CLAUDINE *(enthousiaste)*

Il a bien fait.

PANISSE *(machiavélique)*

Il y avait deux ou trois personnes à la sortie de la mairie qui ont eu un peu l'air de se foutre de lui. Moi, il me semble que ces personnes n'ont pas eu raison. Et vous, qu'est-ce que vous en pensez?

CLAUDINE

C'est des jaloux, voilà ce que c'est!

PANISSE

Qu'est-ce que vous en pensez, vous, Honorine?

HONORINE

Si ça fait plaisir à cette petite, tout est pour le mieux!

CLAUDINE

Quand un homme de cinquante ans a envie de se marier, et quand sa situation lui permet de s'offrir une jeunesse, pourquoi voulez-vous qu'il aille chercher une femme vieille et laide, qui dépense vingt sous par jour de tabac à priser?

PANISSE

Alors, vous, vous approuvez Pijeautard?

CLAUDINE *(rayonnante)*

Moi, je le félicite.

PANISSE

Parfaitement raisonné. Ma chère Claudine vous avez toujours eu du bon sens; et vous, Norine? Est-ce que vous le blâmez ce cher, ce bon, ce sympathique Pijeautard?

HONORINE

Ma foi, non, je ne le blâme pas s'il la rend heureuse, et s'il lui a donné toutes les garanties de bonheur et de fortune.

PANISSE

Mais, naturellement qu'il les lui a données et même, il est tout prêt à lui en donner d'autres si elle l'exige ou si ça peut faire plaisir à sa mère! C'est la moindre des choses. Donc, nous sommes tous d'accord, n'est-ce pas? Nous approuvons hautement ce mariage et nous félicitons Pijeautard?

CLAUDINE

Té, s'il était là, je l'embrasserais.

PANISSE

Eh bien, ma chère Honorine, puisque je vois qu'ici le bon sens règne désormais, je pense que l'occasion est bien choisie pour renouveler aujourd'hui une démarche dont le résultat aura, sur tout mon avenir, une importance capitale. Je pensais vous trouver seule; mais madame Claudine est de la famille, elle ne me gêne pas, au contraire.

CLAUDINE *(à Honorine)*

Hum!

HONORINE

Attendez une seconde, Panisse. Donnez-moi le temps d'enlever mon tablier. *(Elle enlève son tablier, tandis que Panisse attend appuyé sur sa canne et le chapeau à la main. Puis il ôte ses gants et les jette au fond de son chapeau. Honorine se rassoit.)* Allez-y!

PANISSE

Je veux épouser votre fille. Vous le savez très bien, puisque je vous l'ai déjà demandée. Et aujourd'hui j'ai profité de l'habit, pour renouveler ma demande. Vous me la donnez ou vous ne me la donnez pas?

CLAUDINE *(enthousiaste)*

Mais oui, on vous la donne!

HONORINE

De quoi tu te mêles, toi, grosse bête? *(Un temps.)* Mon cher Panisse, il ne serait guère convenable que je vous donne une réponse si brusquement... Il faut me laisser au moins un jour pour réfléchir... Et d'ailleurs, avant de commencer à réfléchir, il faut que je vous pose des conditions. Oh! Pas la question d'argent, puisque nous l'avons déjà discutée.

PANISSE

Ben, je comprends! Vous êtes même venue au

magasin pour regarder ma comptabilité! Alors, à propos de quoi, ces conditions?

HONORINE
Vous savez ce qui s'est passé depuis notre dernière conversation à ce sujet?

PANISSE
Depuis ces six mois, il s'est passé beaucoup de choses. Le maire a démissionné, Pitoffi a gagné le concours de boules du Petit Provençal, il y a eu le tremblement de terre au Mexique, Piquoiseau s'est cassé la jambe, et j'ai fait repeindre mon magasin. Tout ça, c'est du passé, ça n'existe plus, et ce qui m'intéresse, moi, c'est l'avenir.

HONORINE
Eh bien, c'est justement à cause de l'avenir qu'il faut que je vous dise un mot de... *(à voix basse)* Marius.

PANISSE
Il est parti, n'en parlons plus.

HONORINE
Il faut quand même que vous sachiez...

PANISSE *(gêné)*
Oui, oui, je sais, je sais.

CLAUDINE
N'insiste pas, Norine. Il te dit qu'il sait.

HONORINE
Mais peut-être vous ne savez pas tout.

PANISSE *(impatient)*

Mais oui, Norine, je sais tout ce que j'ai à savoir!

HONORINE

Tout? Panisse? Tout?

PANISSE *(brusquement)*

Ecoutez, Norine, Marius c'est un sujet de conversation que je n'aime pas beaucoup. Parlez-moi de la pluie, du beau temps, de la vie chère, ou même des impôts, mais ne me parlez pas de Marius.

HONORINE

Et moi, vous croyez que ça me plaît de parler de lui? Moi, c'est par honnêteté que je fais allusion au fait que j'ai trouvé ma fille couchée avec lui.

PANISSE *(désespéré)*

O Bonne Mère! Il a fallu qu'elle le dise!

CLAUDINE

Ne la croyez pas! Elle s'imagine...

HONORINE

Je m'imagine que ça s'est passé dans sa chambre, devant le portrait de sa grand-mère.

CLAUDINE

Mon Dieu!

PANISSE

Vous ne pouvez pas la tenir, votre langue?

HONORINE

Ma langue, je la tiens, quand je veux. Mais je voulais vous le dire pour que, ensuite, vous n'alliez pas nous faire des scènes en disant qu'on vous l'avait caché. Et maintenant, j'irai plus loin. Comme il s'agit d'une affaire très grave, je vais être franche jusqu'au bout. Ce que je vais vous dire, je ne l'ai jamais dit à personne, et il ne faut pas que vous le répétiez jamais.

PANISSE

Bon. Jamais.

HONORINE

Jurez-le-moi.

PANISSE

Je vous le jure.

HONORINE

Sur qui?

PANISSE *(ému)*

Sur la tombe de ma première femme, Norine.

HONORINE

Bon. Eh bien, à cause de ça, je me demande si elle n'a pas le caractère de ma sœur Zoé.

PANISSE *(inquiet)*

Pas possible!

CLAUDINE

Mais pas du tout!

HONORINE

Zoé aussi, quand elle avait 15 ans, elle était sage, elle jouait toute seule avec ses poupées... elle n'aimait pas les garçons, et si un essayait de l'embrasser dans un coin, elle lui graffignait la figure comme une furie... Et puis, après, quand elle a connu l'Espagnol, adiou botte! Ça lui a pris comme un coup de mistral, et elle est devenue ce que vous savez : elle était comme un parapluie fermé, qui ne peut pas tenir debout tout seul.

PANISSE *(solennel)*

Les parapluies fermés tiennent très bien debout, Norine, quand ils ont un mur pour s'appuyer.

HONORINE

C'est vous le mur?

PANISSE

Oui, c'est moi le mur.

CLAUDINE

Vous êtes brave, Panisse.

PANISSE

Pas tant que ça, pas tant que ça! Mais je l'aime bien.

HONORINE *(touchée)*

C'est vrai, Panisse?

PANISSE

Et puis, il faut un peu risquer dans la vie, quand on veut avoir quelque chose...

HONORINE

Peut-être que vous prenez un grand risque...

CLAUDINE *(éclatant)*

Enfin, ça, c'est son affaire, après tout! Ne le décourage pas, cet homme!

HONORINE

En tout cas, vous allez me promettre une chose.

PANISSE

Laquelle?

HONORINE

Promettez-moi que si elle vous trompe, vous ne me la tuerez pas.

PANISSE

Je suis un brave homme, vous venez de le dire, mais sur ce chapitre, je ne peux rien vous promettre à l'avance. Surtout qu'il paraît que le fondateur de ma famille, c'était un Turc. Et vous devez savoir qu'en Turquie il n'y a pas de cocu. Il n'y a que des veufs. Si elle me trompe, je ne sais pas ce que je ferai, je vous le dis franchement.

HONORINE

Alors, pourquoi vous n'avez pas tué votre première femme?

PANISSE

Parce qu'elle ne m'a jamais trompé, et parce qu'elle me tenait ma comptabilité.

HONORINE

Alors, c'est non, et c'est non, et c'est non!

CLAUDINE

Non! Non! Non!

PANISSE

Attendez! Naturellement, je ne chercherai jamais à savoir si elle me trompe : cette sorte de surveillance serait indigne de moi. Et si on vient me donner n'importe quelle preuve, et même si on me la montrait dans les bras d'un galant, eh bien, j'ai tellement confiance en elle que je ne le croirai jamais.

CLAUDINE

Bravo!

PANISSE

Voilà l'exacte position de la question.

HONORINE

Ça, c'est différent! Eh bien, écoutez, j'irai vous porter ma réponse demain au soir, chez vous.

PANISSE

Bien! Puis-je avoir un petit espoir?

CLAUDINE

Oh! un gros, Panisse, un gros espoir.

PANISSE

Je me retire donc, ma chère Honorine : la démarche officielle est terminée. Sachez que chez moi, parmi les voiles et les cordages, j'attends. J'attends dignement.

(Une orange crevée, traîtreusement lancée par la fenêtre, par le chauffeur, fait tomber le mirifique chapeau. Panisse se retourne brusquement, fou de rage.)

PANISSE

O booumian! O mange punaises! Et c'est le chauffeur d'Escartefigue, encore!

(Honorine a ramassé le chapeau, et elle l'essuie avec son tablier.)

HONORINE

Le plus malheureux, c'est que l'orange était pourrie.

PANISSE

L'orange était pourrie! *(Avec plus de force.)* O braconnier, tu ne pouvais pas prendre une orange neuve pour un chapeau de trois cents francs!

LA VOIX DU CHAUFFEUR *(éperdu)*

Monsieur Panisse, je vous avais pas reconnu!

PANISSE

Viens ici! Viens ici, sinon j'appelle le commissaire! Viens ici! *(Le chauffeur entre par la fenêtre.)* Tourne-toi, que je te donne le coup de pied que tu mérites!

LE CHAUFFEUR *(qui se tourne)*

Pas trop fort, monsieur Panisse!

PANISSE *(terrible)*

Tourne-toi!

LE CHAUFFEUR *(en se tournant à demi
et pendant que Panisse prend son élan)*

Je l'ai pas fait exprès... Je vous avais pris pour un Américain.

PANISSE *(il arrête ses préparatifs)*

Tu m'avais pris pour un Américain?

LE CHAUFFEUR

Par derrière, monsieur Panisse... Si vous pouviez vous voir.

PANISSE *(ravi)*

Dites, Norine, il me prenait pour un Américain!...

HONORINE

Après tout, c'est possible!

(Honorine lui rend son chapeau. Le chauffeur qui se sent pardonné, tend son derrière avec une bonne volonté touchante.)

PANISSE

Repos! Au fond, ce n'est pas tout à fait de ta faute, va! Au revoir, Norine. Au revoir, Claudine. Mais à l'avenir chaque fois que tu verras un Américain, fais bien attention que ce ne soit pas moi!

(Il sort digne et souriant.)

Scène V

CLAUDINE, HONORINE,
LE CHAUFFEUR

CLAUDINE

Eh bien! ça y est, tu vois que ça y est, j'en étais sûre. Mais la petite, elle, est-ce qu'elle voudra?

HONORINE

J'en sais rien, té! Maintenant, quoi qu'il arrive, nous sommes parées. Si elle ne veut pas Panisse, qu'elle en trouve un autre. Si elle n'en veut pas d'autre, qu'elle prenne Panisse. Je ne sortirai pas de là. *(Au chauffeur qui est assis sur la fenêtre.)* Oh! Frise-Poulet! tourne un peu la tête du côté du bar et dis-moi si tu ne vois pas venir Fanny?

LE CHAUFFEUR

Qu'est-ce que vous me donnez si je regarde?

HONORINE

Comment : qu'est-ce que je te donne?

LE CHAUFFEUR

Ça vaut bien cinq sous, allez!

CLAUDINE

Quel toupet!

LE CHAUFFEUR

Ecoutez, madame Claudine, si j'avais pas le torticolis, c'est un travail que je vous ferais pour rien, je n'aurais qu'à tourner la tête, mais avec ce que j'ai, il faut que je me tourne tout entier, ça vaut cinq sous! ou alors, un bout de pain.

HONORINE

Tu n'as pas de quoi manger?

LE CHAUFFEUR

Je n'ai plus d'argent. Je l'ai tout perdu en jouant à sèbe.

HONORINE

(elle lui lance un gros morceau de pain)

Tiens, malfaisant! Tu la vois Fanny?

LE CHAUFFEUR

Oui, je la vois... Ah! non, té, c'est pas elle, c'est la charrette des balayures.

HONORINE *(la main levée)*

Tout aro ti mandi un basseou!

LE CHAUFFEUR

Allez, vaï, rigolez pas... Je vous ai dit ça pour rire... Si elle paraît, je vous le dirai. Dites, qu'est-ce que je vais manger avec ça?

HONORINE

Si des fois, tu voulais un poulet rôti?

LE CHAUFFEUR

Ah! oui, té... Ça c'est gentil, Norine... Mais bien cuit, qué? Autrement, je le veux pas.

HONORINE

Tiens, voilà un bout de fromage!

CLAUDINE

Et ne casse plus les chapeaux du monde!

LE CHAUFFEUR
(il essaie de mordre le fromage)

Merci, Norine... O coquin de sort qu'il est dur! Il
n'y manque que le manche pour faire un marteau...
Té, voilà Fanny qui s'amène de ce côté. *(Il saute
dans la rue.)* Merci qué, Norine? *(Il part en dansant
et en chantant :)*

Madame de Limagne
Fai dansa lei chivaou frus :
Li doune des castagnes
Disoun que n'en voulon plus!

CLAUDINE *(à la fenêtre)*

La voilà qui vient! Ne lui parle pas de Panisse tout
de suite. Attends que nous soyons à table. Ça sera
plus en famille.

Scène VI

HONORINE, CLAUDINE, FANNY

(Entre Fanny. Elle est très pâle, elle marche comme une somnambule.)

HONORINE

Enfin, mademoiselle arrive! Et où tu étais, petite coquine? Tu vas te faire remplacer tous les jours, maintenant?

(Fanny ne répond pas. Elle traverse la pièce, elle va s'asseoir sur le fauteuil, et elle regarde fixement devant elle.)

CLAUDINE *(elle va l'embrasser)*

Bonjour, petite!

FANNY *(avec effort)*

Bonjour, tante...

(Un long silence.)

HONORINE *(aigre)*

Elle ne t'a pas fait beaucoup de bien, la promenade! Tu ne peux plus nous parler, maintenant?

CLAUDINE

Mais oui, elle peut parler! Mais nous ne lui laissons pas le temps de dire un mot! *(A Fanny.)* Alors, tu es allée faire un petit tour?

FANNY

Oui.

CLAUDINE

Et qu'est-ce que tu regardes?

FANNY

Rien.

HONORINE

Ah! écoute, vé! aujourd'hui que tante Claudine vient nous voir, ne recommence pas à faire le mourre, s'il te plaît!

CLAUDINE

Mais non, Norine, elle ne fait pas le mourre!

HONORINE

Mais regarde-la! Elle fait un mourre de six pieds de long!

CLAUDINE

Allez, vaï, ne la gronde pas! *(A voix basse.)* Tu ne vois pas que c'est la Passion? *(A haute voix.)* Nous allons bavarder à table, toutes les trois, en famille... D'abord, moi, j'ai faim. Té, Fanny, aide-moi à mettre le couvert! *(Elle a pris une nappe dans un tiroir, elle la déploie.)* Tu n'as pas faim, toi? *(Fanny la regarde sans la voir. Puis, brusquement, elle se lève, elle va à sa mère, et elle parle.)*

FANNY

Maman, je vais avoir un enfant.

HONORINE *(figée)*

Qu'est-ce que tu dis?

CLAUDINE

Fanny? Mais qu'est-ce que c'est que cette idée?

FANNY

Je vais avoir un enfant. Le docteur vient de me le dire.

HONORINE

Ah! mon Dieu! Ah! mon Dieu! *(Elle tombe sur une chaise. Elle se relève brusquement.)* Ce n'est pas possible! Ce n'est pas vrai!

CLAUDINE *(aux anges)*

Un enfant!

HONORINE

(Elle court à la porte et l'ouvre toute grande)

Va-t'en, fille malhonnête! Va-t'en, fille perdue! Si ton pauvre père était là, il te tuerait! Moi, je t'ouvre la porte!

CLAUDINE

Et où veux-tu qu'elle aille?

HONORINE

A la rue, les filles des rues! Moi, tu n'es plus ma fille, je ne veux plus te voir!

FANNY

Maman!

HONORINE

Monte dans ta chambre, va faire tes paquets, et file!

CLAUDINE

Norine, ne dis pas des folies... Tais-toi, Norine... Tais-toi!

HONORINE

C'est encore pire que Zoé! C'est la honte sur la famille! Va-t'en tout de suite, ou je te jette dehors à coups de bâton, petite cagole!

CLAUDINE

Norine! *(Pendant que Claudine retient sa sœur, Fanny chancelle. Elle va tomber.)*

HONORINE

(elle s'élance pour la retenir)

Et la voilà qui s'évanouit, maintenant! *(Elle la retient dans ses bras.)* Du vinaigre! Vite, du vinaigre!

(Claudine court prendre la bouteille de vinaigre.)

CLAUDINE

Tu n'as pas honte, dans la position qu'elle est? Tu veux la tuer?

HONORINE

Fanny!

CLAUDINE

Peuchère! Elle est blanche comme une morte!

HONORINE *(affolée)*

Fanny! Ma petite Fanny! Ma fille!

CLAUDINE

Fanny!

HONORINE

Ma fille! Ma petite fille chérie! Fanny! Ne meurs pas! Vite, ouvre les yeux, ne meurs pas! Fanny, je te pardonne, mais ne meurs pas!

(Fanny ouvre les yeux.)

FANNY

Maman! Ce n'est rien, maman... Là, tu vois, c'est passé...

CLAUDINE *(elle lui met sous le nez
le coin d'une serviette mouillé de vinaigre)*

Respire, tiens, respire... La couleur lui revient...

HONORINE *(de nouveau déchaînée)*

Ah! c'est de honte que tu devrais rougir! Tu devrais t'étouffer de honte!

CLAUDINE *(violente)*

Ah! toi, tais-toi! Dès qu'elle tourne de l'œil, tu sanglotes, et dès qu'elle va mieux, tu recommences! Laisse-la tranquille.

HONORINE

Alors, toi, tu trouves tout naturel qu'une fille rentre chez elle avec un polichinelle sous le tablier?

D'abord ne crie pas, que tout le quartier nous écoute.

(Elle va fermer la fenêtre.)

HONORINE *(à Fanny)*

Tu n'as pas honte?

CLAUDINE

Mais oui, elle a honte, tu le vois bien! Evidemment, ce qui arrive, c'est un grand malheur. Mais enfin, après tout ce que tu m'as raconté, tu pouvais un peu t'y attendre! Quand une fille a un amant, elle attrape un enfant plus facilement que le million! Ça, ça prouve son innocence, au contraire! Laisse-moi lui parler. Ecoute, Fanny, ne t'effraie pas. Réponds bien doucement, sans te fatiguer. Tu en es sûre, de ce malheur? *(De la tête, Fanny dit oui.)* Bon. Et cet enfant, de qui est-il? De Marius?

HONORINE *(avec fureur)*

Et de qui veux-tu qu'il soit? Elle n'a quand même pas encore couché avec tout Marseille!

CLAUDINE

Bon. Il est de Marius.

HONORINE

Ah! celui-là, si je le tenais! Elle a tort, elle, naturellement. Mais c'est une enfant, elle ne savait pas, il l'a trompée, il a dû se jeter sur elle, comme une bête sauvage! Oh! mais j'irai me plaindre à la justice, moi! Au bagne, à casser des pierres! Au bagne, les forçats, les saligauds, les assassins, les satyres! Bonne Mère, que les diables de la mer lui mangent son bateau sous les pieds! Que les favouilles le dévorent, celui qui a ruiné la vie de ma pauvre petite innocente! *(Elle prend Fanny dans ses bras, elle l'embrasse.)* Ma pauvre petite!

CLAUDINE

Ah! évidemment ça prouve bien que ce garçon n'a guère de délicatesse... Faire un enfant à une jeune fille, c'est un gros sans-gêne. Mais le mal est fait, et bien fait.

HONORINE

Oui, on peut dire que c'est réussi.

CLAUDINE

Mais maintenant, il faut trouver le remède, pas plus...

HONORINE *(sarcastique)*

Et oui, pas plus! Dis-moi, ma petite, dis-moi, maintenant, depuis quand tu le sais?

FANNY

Depuis qu'il est parti, je me sentais malade... Je n'étais plus comme d'habitude... J'avais mal au cœur tous les matins...

HONORINE

O Bonne Mère!

FANNY

Et puis, je mangeais beaucoup.

HONORINE

Mais à table tu ne prenais rien!

FANNY

Je mangeais par caprice, n'importe quand, n'importe quoi. Du pain, du chocolat, des fruits, des coquillages, ça me prenait comme ça tout d'un coup... Et puis, j'avais l'air très maigre, et quand je me suis pesée, j'ai vu que je n'avais pas maigri. Au contraire.

CLAUDINE

Moun Diou! Ça y était!

FANNY

Alors, j'ai eu peur, une peur horrible... J'y pensais le jour, j'y pensais la nuit... Je pleurais tant que j'en étais saoule... Marius ne m'écrivait pas... J'ai pensé à me jeter à la mer.

HONORINE

Malheureuse! Ne fais jamais ça! Va, comme tu as dû souffrir de porter ton secret toute seule!

FANNY

Et enfin, ce matin, je me suis décidée. Je suis allée voir un docteur. Le docteur Venelle.

HONORINE *(découragée)*

Un bon docteur. Un savant, celui-là! Et qu'est-ce qu'il t'a dit?

FANNY

Que ça serait pour le mois de mars.

HONORINE *(découragée)*

Eh bien! Un joli mois! Le mois des fous! Et après, qu'est-ce que tu as fait? Je parie que tu es allée raconter la chose à César?

FANNY

Non. Après, je ne sais pas. Je suis partie dans les rues, j'ai marché... Je ne sais où je suis allée... A la fin, j'ai bu du rhum dans un café, et je suis venue ici, pour tout te dire.

HONORINE

Eh bien, nous sommes propres! Ne pleure pas, vaï. Ça ne sert à rien. Après tout, l'honneur, c'est pénible de le perdre. Mais quand il est perdu, il est perdu.

CLAUDINE

Et puis, tant que personne ne le sait, il n'y a pas de déshonneur! Si on criait sur la place publique les fautes de tout le monde, on ne pourrait plus fréquenter personne!

HONORINE

Toi, maintenant, qu'est-ce que tu comptes faire?

FANNY *(elle se jette dans ses bras)*

Je ferai ce que tu voudras, pourvu que tu me gardes.

HONORINE

Alors, c'est tout simple, et nous sommes sauvées. Epouse Panisse.

FANNY

Tu crois qu'il me voudrait encore?

CLAUDINE

Il est venu te redemander il n'y a pas dix minutes.
Avec la queue de morue, et les gants blancs!

HONORINE

Et cette fois-ci, c'est oui, oui, oui!... Mariage dans
quinze jours et je vais lui porter la réponse tout à
l'heure!

CLAUDINE

Qu'est-ce que tu en dis toi?

FANNY *(hésitante)*

Moi, je pense que je gagne très bien ma vie; je suis
capable de travailler, de me débrouiller toute seule.
Mon idée, si maman me le permettait, ce serait de ne
pas me marier, et d'élever mon enfant par mon
travail, en attendant que son père revienne, s'il
revient.

CLAUDINE

C'est beau, mais c'est difficile.

HONORINE

Difficile? Impossible, tu veux dire. Qu'elle fasse un
enfant sans avoir un mari? Ne perdons pas notre
temps à dire des choses qui n'ont pas de sens!

FANNY

Maman, et la fille du brigadier des douanes,
Madeleine Cadot, est-ce qu'elle n'a pas une enfant
sans père? Elle l'élève très bien, et elle n'est pas
malheureuse!

HONORINE

Ce n'est pas la même chose. Le père est mort juste comme ils allaient se marier, tandis que le tien est parti à la nage à toute vitesse, de toutes ses forces, pour ne pas t'épouser. Et puis, tu ne vas pas comparer la famille Cadot avec la nôtre. Les Cabanis!

CLAUDINE

Eh oui, c'est vrai! Vous autres vous êtes des Cabanis! Et puis, fais bien attention, Fanny : dans toutes les familles, il peut y avoir une fille-mère ou une garce. Ça se pardonne, parce que c'est naturel. Mais maintenant, chez nous, c'est impossible parce que notre sœur Zoé a déjà pris le tour!

HONORINE

Si tu n'acceptes pas Panisse, nous sommes tous déshonorés, et moi je mourrai de chagrin, par ta faute!

CLAUDINE

Si tu en as un autre en vue, qui te plaise et qui t'aime assez, dis-le! Le petit Victor, par exemple?

FANNY

Oh! non, pas Victor.

HONORINE

Il n'y a point de santé dans cette famille... C'est vrai que la santé du père n'a pas une grande importance, puisque l'enfant est déjà tout fait! Mais le fils de Balthazar, qui te fait les yeux blancs depuis le catéchisme? Il est riche! Il est beau garçon...

FANNY

Non, non, je n'en veux pas un jeune. Si tu me forces à me marier, alors, je préfère Panisse.

HONORINE

Et tu as raison.

FANNY

Mais lui, est-ce qu'il me voudra?

HONORINE

Puisqu'on te dit qu'il te redemande!

FANNY

Oui, mais il ne savait pas.

HONORINE

Il sait très bien tout ce qui s'est passé avec Marius. J'ai pris la précaution de le lui rappeler tout à l'heure!

FANNY

Il ne peut pas savoir que j'attends un enfant!

HONORINE

Heureusement, qu'il ne peut pas le savoir! Ça sera un enfant de sept mois, voilà tout!

FANNY *(stupéfaite)*

Tu veux que je l'épouse sans lui dire la vérité?

CLAUDINE

Mais toi, tu serais assez bête pour aller lui raconter la chose?

FANNY

Mais il le faut, voyons! Il a le droit de le savoir!

HONORINE

Elle est folle, ou alors, elle le fait exprès. Tu ne sais plus qu'inventer pour nous mettre dans l'ennui.

CLAUDINE

Fanny, tu te rends bien compte que cet homme, c'est notre seul espoir. Si tu vas lui dire qu'il faut qu'il épouse deux personnes à la fois, il ne voudra plus.

HONORINE

Si tu parles, c'est terminé, c'est fini.

CLAUDINE

Et d'abord, pourquoi lui dire? Tu n'es même pas absolument sûre que c'est vrai.

HONORINE

Mais naturellement, qu'elle n'en est pas sûre!

FANNY

Le docteur Venelle me l'a dit.

HONORINE

Mais il est gâteux, le docteur Venelle! Il a soixante ans!

CLAUDINE

C'est peut-être nerveux, ce que tu as!

HONORINE

Mais oui, c'est les nerfs! Ou alors, c'est un air qui

passe... Une espèce de grippe... Ne te fais pas une montagne d'une chose qui n'est peut-être pas vraie!

FANNY

Alors, ci ce n'est pas ça, je ne suis pas forcée de me marier.

HONORINE

Mais il n'y a pas besoin d'être enceinte pour se marier! Il y a de véritables jeunes filles qui se marient! Prends Panisse, puisqu'il se présente, et ne lui dis rien.

FANNY

Non, maman, ce serait malhonnête, ce serait un mensonge abominable!

HONORINE

Mais tu n'auras pas besoin de mentir! Il ne te demandera jamais rien! Ah! Si tu connaissais la vanité des hommes et surtout sous ce rapport! Il trouvera tout naturel d'avoir un bel enfant après six ou sept mois de mariage!

CLAUDINE

Oh! ça, sûrement! Et il ne sera pas le premier! Et puis, Fanny, réfléchis un peu, Panisse, c'est un homme très bon, n'est-ce pas?

FANNY

Oui.

CLAUDINE

Il faudrait que tu n'aies guère de cœur pour le

priver d'une grande joie. La joie d'être père. Il le
mérite bien, va.

FANNY

Et moi, qu'est-ce que je penserais de lui pendant ce
temps? qu'est-ce que je penserais de moi? Non, non.
Je ne veux pas être malhonnête à ce point.

HONORINE

Une femme n'est jamais malhonnête avec un
homme. Si nous sommes dans cette misère, c'est à un
homme que nous le devons. Eh bien, faisons payer la
faute par un homme.

FANNY

Ce n'est pas le même!

HONORINE

Allons donc! C'est toujours le même! Ils sont tous
pareils! Et d'ailleurs, celui-là, s'il veut t'épouser, c'est
parce que tu es jeune et jolie. Ne le prends pas pour
un saint. Est-ce que ça ne vaut pas quelque chose,
ça?

FANNY *(violemment)*

Non, non, j'ai commis une faute grave, je le sais.
J'ai gâché ma vie. Tant pis pour moi. C'est moi que
ça regarde. C'est à moi de me débrouiller. Alors,
parce que Panisse est bon, parce qu'il m'aime, j'irais
mettre un bâtard chez lui? Et tu veux que je lui vole
son nom pour l'enfant d'un autre? Mais c'est ça qui
serait un crime! Si je faisais une chose pareille, je
n'oserais plus regarder personne dans les yeux, je me

croirais la dernière des dernières, je serais une vraie fille des rues! Et c'est vous qui me proposez ça?

HONORINE *(scandalisée)*

C'est ça! Donne-nous des leçons de morale à présent! Tu n'as pas tant fait de chichis quant tu menais ton gigolo dans ta chambre de jeune fille, sous les yeux du portrait de ta grand-mère! Et de mentir à ta mère, ça ne te faisait rien! Va, tu es une ingrate, tu es une méchante fille, tu es...

CLAUDINE

Tais-toi, Norine. Nous n'allons pas recommencer la comédie. Tout ça est horriblement tragique, mais on peut manger quand même. Fanny, assieds-toi là.

FANNY

Je n'ai pas faim.

HONORINE

Après ce que tu nous as dit tout à l'heure?

FANNY

Je mangerai plus tard. Il faut que j'aille remplacer Fortunette. Elle est à l'éventaire depuis ce matin. J'y vais.

(Elle sort.)

HONORINE

Fanny!

(Fanny ne répond pas.)

Scène VII

HONORINE, CLAUDINE

HONORINE

Et où elle va?

CLAUDINE *(à table servant la soupe)*

Où elle t'a dit.

HONORINE

Quand on n'a pas d'enfants, on est jaloux de ceux qui en ont et quand on en a, ils vous font devenir chèvre! La Sainte Vierge, peuchère, elle n'en a eu qu'un et regarde un peu les ennuis qu'il lui a faits!

CLAUDINE

Et encore, c'était un garçon!

HONORINE

Elle est pas allée se noyer, au moins!

CLAUDINE

Non. Si elle voulait le faire, son petit la retiendrait. *(Elle commence à manger.)* Assieds-toi, Norine! *(Honorine s'assoit et prend une cuillère.)* Dis, Norine, les petits bâtards, ils sont moins jolis que les autres?

HONORINE

Non, au contraire, souvent ils sont plus forts, et

plus intelligents, et même, ça s'appelle les enfants de l'amour.

CLAUDINE *(elle mange sa soupe)*
Et alors, de quoi tu te plains?

RIDEAU

ACTE DEUXIÈME

LES VOILES

Le décor représente le magasin de Panisse, maître voilier. Le magasin est très long et très étroit.

Au plafond, les grosses poutres en bois, rondes, très apparentes.

Au fond, la porte, entre deux vitrines. Les vitrines sont cachées par des rideaux de toile à voile, à cause du soleil.

A droite, perpendiculairement à la rampe, un comptoir en bois. Il est très long, très large, et très vieux.

Au fond, au bout du comptoir, il y a la caisse, qui est beaucoup plus haute.

Derrière le comptoir, il y a des étagères, chargées de coupons de toile à voile, de toutes les nuances de blanc et de crème.

Au fond, à gauche, sur un socle, un modèle de goélette, toutes voiles dehors, et un scaphandre.

Contre le mur de gauche, une haute vitrine, qui

contient de nombreux petits modèles de bateaux à voiles.

Dans les coins, des ancres de toutes les dimensions, des chaînes en fer et en cuivre – et dans un coin, pareil à une botte d'asperges, un fagot de vergues.

Au premier plan, à droite, un énorme gouvernail en bois, très ancien.

Scène I

PANISSE, LE CHAUFFEUR

Quand le rideau se lève, maître Panisse est assis sur le comptoir et il mange paisiblement, son assiette à la main.

Autour de lui, sur le comptoir, des assiettes sales, une miche, une bouteille de vin, une verre, une salière.

Un temps. Panisse mange. Sur la porte, le chauffeur, assis à terre, mange le pain et le fromage que lui a donnés Honorine.

A la machine à coudre, une ouvrière coud une voile.

PANISSE *(à bouche pleine)*

O galavard, qu'est-ce que tu manges?

LE CHAUFFEUR

C'est un morceau de pain et un bout de fromage que Mme Honorine vient de me donner.

PANISSE

Tu es bien poli aujourd'hui, que tu dis « Madame Honorine ».

LE CHAUFFEUR

Oh! mais dites, c'est qu'aujourd'hui, elle m'a donné à manger!

PANISSE

Alors, si je ne te donne rien, tu ne m'appelleras jamais Monsieur Panisse?

LE CHAUFFEUR

Vous n'avez pas besoin de rien me donner. Vous, je vous dis toujours M. Panisse, même quand vous n'êtes pas là.

PANISSE *(flatté)*

Et pourquoi?

LE CHAUFFEUR *(respectueux)*

Parce que vous avez le gros ventre.

PANISSE

O, dis Marrias, j'ai le gros ventre, moi? *(Il descend du comptoir, rentre son ventre.)* Regarde un peu si j'ai le gros ventre, ô myope!

LE CHAUFFEUR

O, allez, il est gros. Vous avez beau le rentrer,

mais quand même il est gros. Allez, vaï, donnez-moi quelque chose à manger.

PANISSE

Tiens, il reste de la salade de poivrons, si tu la veux, prends-la.

LE CHAUFFEUR (au comble de la joie)

O coquin de sort! des poivrons! Merci, Monsieur Panisse!

(Entre M. Brun. Panisse va vers lui.)

PANISSE
(en passant, il montre les assiettes
éparses à la commise)

Té, petite, arrange un peu ça.

Scène II

PANISSE, M. BRUN

PANISSE

Alors, monsieur Brun, vous l'avez bien vu, ce bateau?

M. BRUN

Eh oui! Je viens de l'examiner à fond.

PANISSE

Et alors?

119

M. BRUN

Pour le prix, il me paraît très bien.

PANISSE

Je comprends, dites, qu'il est bien!... C'est un véritable lévrier des mers!

M. BRUN *(perplexe)*

Le moteur me paraît bien petit.

PANISSE

Mais c'est bien ce qu'on vous a dit : ce n'est pas un canot à moteur : c'est un bateau à voiles avec un moteur auxiliaire. Alors, vous l'avez acheté?

M. BRUN

Eh oui. J'ai donné 300 francs d'arrhes.

PANISSE

Alors, je vous fais le jeu de voiles complet, comme convenu.

M. BRUN

Naturellement.

PANISSE

Voilà la maquette. *(Il va prendre un petit canot et le met sur le comptoir.)* Tout simple, un joli foc, et une voile latine. *(Il regarde le numéro de la maquette.)* N° 24 – et ici, j'ai les mesures du bateau. *(Il prend un coupon derrière lui, et en déplie un mètre.)* Et voilà la toile que je vous ai choisie. Touchez-moi ça, monsieur Brun, ça a du corps, c'est léger, c'est solide, et ça ne mouille pas dans l'eau. Et regardez-moi le grain.

(Il pose sur la toile un petit appareil en cuivre à deux loupes. M. Brun applique son œil sur la première loupe.)

M. BRUN

Oui, ça me paraît bien, mais c'est un peu raide, vous ne trouvez pas?

PANISSE

Ecoutez, monsieur Brun : c'est une voile, que vous voulez, ou bien un pantalon pour madame? Si c'est pour un pantalon, ne prenez pas ça. Mais pour une voilure, je vous le conseille : une voile, ça supporte de l'épaisseur. Et puis, cette toile, ça va vous faire des voiles qui vont claquer dans le vent : chaque fois que vous changerez de bord, vous allez entendre s'envoler toute une compagnie de perdreaux. *(Il imite le bruit d'une compagnie de perdreaux « Frr... Frr... »)* C'est poétique.

M. BRUN

Oui, c'est poétique. Mais qu'est-ce que ça va me coûter, pour une voilure complète?

PANISSE

Mille francs.

M. BRUN

C'est poétique, mais c'est cher.

PANISSE

Un tout petit, mais tout petit billet de mille francs. Le plus petit billet de mille francs possible.

M. BRUN

Qu'est-ce que c'est, le plus petit billet de mille francs possible?

PANISSE

Je veux dire que comparé à une voilure, c'est si petit un billet de mille francs, monsieur Brun! Plié en quatre, c'est rien du tout! Pensez que pour ce petit bout de papier, je vous fais tout ça! Réellement, c'est un cadeau entre amis.

M. BRUN

Un cadeau, pas précisément. Mais enfin, tout de même...

(Il palpe la toile, il réfléchit. Entre César, dans son costume de ville.)

Scène III

PANISSE, CÉSAR, M. BRUN

PANISSE *(Un peu ennuyé)*

Té, bonjour, César!

CÉSAR

Bonjour, messieurs!

M. BRUN

Bonjour, César!

122

CÉSAR

Vous achetez des voiles, monsieur Brun?

M. BRUN

Je fais choix d'une voilure pour mon bateau.

CÉSAR

Vous avez acheté un bateau?

M. BRUN

Je viens d'acheter le *Pitalugue*, sur les conseils de maître Panisse.

CÉSAR *(stupéfait)*

Le *Pitalugue*? Le grand canot blanc?

M. BRUN

Oui. Vous le connaissez?

CÉSAR

Vous pensez si je le connais! Mais tout le monde le connaît, ici. C'est l'ancien bateau du Docteur Bourde. Depuis, il a eu au moins quinze propriétaires!

PANISSE
(il fait signe à César de se taire)

Allons, César, allons!

M. BRUN

Ah! C'est curieux.

CÉSAR *(goguenard)*

Oui, c'est curieux. Mais le bateau lui-même est encore plus curieux.

M. BRUN

Et pourquoi?

CÉSAR *(à Panisse)*

Comment, tu ne l'as pas averti?

M. BRUN

Mais de quoi? *(César rit.)*

PANISSE *(gêné)*

Ecoutez, monsieur Brun. J'ai peut-être oublié de vous dire qu'il est un peu jaloux.

M. BRUN

César est jaloux?

PANISSE

Non, le bateau est jaloux. Ça veut dire qu'il penche assez facilement sur le côté, vous comprenez?

M. BRUN *(inquiet)*

Et il penche... fortement?

PANISSE *(confiant)*

Non, monsieur Brun. Non.

CÉSAR

C'est-à-dire que quand on monte dessus, il chavire, mais il ne fait pas le tour complet, non. Dès qu'il a la quille en l'air, il ne bouge plus. Il faut même une grue pour le retourner du bon côté!

M. BRUN

Oh! mais dites donc! Et ça lui arrive souvent?

PANISSE

Mais non, monsieur Brun. Mais non!

CÉSAR

C'est-à-dire que ce bateau est célèbre pour ça depuis ici jusqu'à la Madrague et qu'on l'appelle le *Sous-Marin*.

M. BRUN

Allons, César, vous plaisantez!

PANISSE

Mais certainement, qu'il plaisante! Il est certain que ce bateau a chaviré, quelquefois, parce qu'il n'était pas lesté comme il faut – et puis, il faut savoir s'en servir, parce que c'est un fait qu'il est jaloux.

M. BRUN *(perplexe)*

C'est curieux, parce qu'il n'en a pas l'air.

CÉSAR

Oh! non, il n'en a pas l'air, mais c'est un petit cachottier.

M. BRUN *(à César)*

Alors, vous prétendez que dès que je mettrai le pied dessus, ce bateau va chavirer?

CÉSAR

C'est probable, mais ce n'est pas sûr. Après tout, il a tellement chaviré, que peut-être maintenant il en est dégoûté. Il ne voudra plus, té.

M. BRUN

Quelle blague! Et pourquoi chavirerait-il systématiquement?

CÉSAR *(sérieux)*

Parce qu'il a une hélice trop grosse pour lui; elle prend trop d'eau. Alors, si vous forcez la vitesse, au lieu que ça soit l'hélice qui tourne, c'est le bateau – et alors, il se dévire.

PANISSE *(furieux)*

Mon cher César, tes plaisanteries sont ridicules. Ce bateau-là, monsieur Brun ne l'a pas fait faire sur commande; et il ne l'a pas payé au prix d'un canot inchavirable. Il l'a payé 1 500 francs; c'est une occasion!

M. BRUN *(à César)*

Vous ne trouvez pas qu'à ce prix-là, même avec ses défauts, c'est une belle occasion?

CÉSAR

Oh! oui! C'est une belle occasion de se noyer.

M. BRUN *(direct)*

Voyons, Panisse, vous connaissez fort bien ce bateau, et c'est vous qui me l'avez fait acheter. Franchement, est-ce que ce bateau chavire?

PANISSE *(philosophique)*

Mais mon cher monsieur Brun, les royaumes chavirent, les jolies femmes chavirent et nous finirons tous par chavirer au cimetière! Tout chavire dans la nature et naturellement, surtout les bateaux.

CÉSAR

Et surtout celui-là.

PANISSE

Vous garantir que le *Pitalugue* ne chavirera jamais, je ne le peux pas.

CÉSAR *(joyeux)*

Oh! que non!

PANISSE

Ce sont les risques de la navigation. Si vous voulez aller sur la mer, sans aucun risque de chavirer, alors, n'achetez pas un bateau : achetez une île!

CÉSAR

C'est ça, achetez le château d'If et Panisse vous fera les voiles!... Monsieur Brun, capitaine du *Sous-Marin*! Ah! on vous a bien embarqué, monsieur Brun!

M. BRUN *(piqué)*

Mon cher César, depuis un quart d'heure, vous essayez de me mettre en boîte. Eh bien, permettez-moi de vous dire que ça ne prend pas.

PANISSE

Bravo!

M. BRUN *(qui se monte)*

D'ailleurs, pour couper court à toutes ces galéjades, je vais l'essayer immédiatement, et m'en vais le sortir du port.

PANISSE *(inquiet)*

Mais non, monsieur Brun, ce n'est pas la peine! D'abord, vous ne pouvez pas, vous êtes tout seul!

M. BRUN

J'irai avec le petit chauffeur. *(Au chauffeur.)* Dis donc, phénomène, veux-tu venir avec moi essayer le *Pitalugue*?

LE CHAUFFEUR

Oui, mais après ce que M. César vient de dire, vous comprenez que ce sera cinq francs.

M. BRUN

Soit. Ce sera cinq francs. Et vous, Panisse, vous nous accompagnez?

PANISSE *(très gêné)*

Je voudrais bien, mais je ne peux pas.

CÉSAR

Pas si bête!

PANISSE

Ce serait avec le plus grand plaisir, mais je ne peux pas quitter le magasin. Nous travaillons, ici. Tenez, monsieur Brun, emportez tout de même une bouée. Je sais bien que vous ne vous en servirez pas, mais ça ne peut pas vous faire du mal.

M. BRUN

Au fait, oui.

(Il prend la bouée.)

PANISSE

Et je donne immédiatement des ordres à l'atelier pour couper les voiles.

M. BRUN

Non, non. Attendez donc le résultat de l'expérience.

CÉSAR

Oui, attendons le résultat.

M. BRUN *(à César)*

Je suis d'ailleurs bien tranquille, car je sais ce que c'est qu'un bateau, je suis un connaisseur de bateaux.

CÉSAR

Vous en avez tout l'air.

M. BRUN

J'ai vu ce bateau-là, je l'ai examiné, je l'ai jugé. D'après sa ligne, sa coupe, son gabarit, ce bateau-là ne peut pas chavirer, il ne chavirera pas. Et pourtant, je vais faire tout mon possible pour le faire chavirer.

CÉSAR

Allez, monsieur Brun, ne forcez pas votre possible. Ça se fera tout seul. Vous savez nager?

M. BRUN

Mon cher César, je suis heureux de vous donner

une preuve de la confiance que j'ai dans ce bateau. Je ne sais pas nager du tout.

CÉSAR

Alors, adieu, monsieur Brun.

M. BRUN

Comment, adieu?

CÉSAR

Nous nous reverrons au ciel.

(M. Brun hausse les épaules.)

M. BRUN *(au chauffeur)*

A nous deux!

(Ils sortent.)

Scène IV

PANISSE, CÉSAR

PANISSE *(furieux)*

Et voilà comme tu es! Avec tes racontars et tes calomnies, tu me fais perdre une occasion de lui vendre une voilure complète!

CÉSAR

Oh! toi, pour vendre six mètres de toile, tu ferais

noyer n'importe qui. Tu es un assassin, Panisse, un véritable assassin.

PANISSE

En tout cas, grâce à toi, voilà mille francs que j'ai ratés.

CÉSAR

Si le bateau ne chavire pas, tu les retrouveras.

PANISSE

Oui, mais tu le sais aussi bien que moi qu'il va chavirer!... Tu avais bien besoin de venir maintenant, avec ta canne et ton joli chapeau!

CÉSAR

J'ai ma canne et mon joli chapeau parce que je viens de faire des courses. Et je suis ici parce que j'ai à te parler très sérieusement.

PANISSE

Eh bien, tu aurais pu me parler sans épouvanter la clientèle.

CÉSAR

La clientèle est en train de se noyer par ta faute.

PANISSE

Se noyer! Allons donc! Se noyer!... Et qu'est-ce que c'est que tu veux me dire?

(Le facteur passe devant le magasin. Il ouvre la porte et se penche.) .

LE FACTEUR *(il tend un paquet)*

Maître Panisse!

(Panisse va vers lui, prend le courrier, le facteur voit César.)

LE FACTEUR

Tiens, vous êtes là, monsieur César? J'ai une lettre pour vous. Ça vient de Macassar.

CÉSAR

Donnez...

(Il prend la lettre et la regarde avec émotion.)

PANISSE

C'est de Marius?

(César ne répond pas.)

CÉSAR

Ecoute, ce que je voulais te dire, je reviendrai te le dire tout à l'heure. Je vais d'abord chez moi, lire la lettre de mon fils.

PANISSE

Ce que tu voulais me dire, ça a un rapport avec ton fils?

CÉSAR

Oui.

PANISSE

Bon. Mais tu ne peux pas lire cette lettre ici?

CÉSAR

Non. Non. J'aime mieux être seul.

PANISSE

Mais si tu veux, tu n'as qu'à aller à la salle à manger.

CÉSAR

Non. Non. Une lettre du petit, ça doit se lire à la maison.

PANISSE

Bon.

CÉSAR

Alors, à tout à l'heure.

PANISSE

A tout à l'heure.

(César sort. Panisse va derrière son comptoir mesurer ses coupons.)

Scène V

PANISSE, ESCARTEFIGUE, LA COMMISE

(Panisse est derrière son comptoir. Dehors, passe Escartefigue. Il se penche dans la porte entrouverte.)

ESCARTEFIGUE

Adieu, Panisse!

PANISSE

Adieu, Félix, où tu vas?

ESCARTEFIGUE

Je vais vite m'installer à la terrasse chez César, pour jouir du coup d'œil.

PANISSE

Qué coup d'œil?

ESCARTEFIGUE

M. Brun a acheté le *Sous-Marin*... Il va l'essayer et il y a beaucoup d'espoir qu'il soit noyé.

PANISSE

Fais attention qu'il a emmené ton chauffeur!

ESCARTEFIGUE

Oh! lui, il sait nager! J'espère bien qu'il va tomber à l'eau, parce que je le verrais au moins une fois avec la figure propre, et ça me ferait plaisir de faire sa connaissance!

PANISSE

Méfie-toi que peut-être tu ne le reconnaîtras plus!

ESCARTEFIGUE *(il regarde du côté du port)*

Té, les voilà qui partent! M. Brun a déjà mis la ceinture de sauvetage!

PANISSE

Oh! comme il a bien fait!

(Le téléphone sonne. Panisse va au téléphone.)

PANISSE

Allô, oui, oui. Je vous l'envoie tout de suite. *(A la commise.)* Dis, petite, on demande le foc à l'atelier. Tu es prête?

LA COMMISE

Oui, maître Panisse.

PANISSE

Porte-le tout de suite et dis-leur que pour les voiles de M. Brun, ce n'est pas la peine de commencer. J'ai l'impression que c'est foutu.

LA COMMISE

Bien, maître Panisse.

(Elle sort jusqu'à la porte de la rue.)

PANISSE *(il crie)*

Et dis-leur qu'ils se dépêchent pour la grand-voile de l'Espagnol. Je l'ai promise pour demain matin.

Scène VI

PANISSE, FANNY, CÉSAR

(Fanny paraît sur le seuil du magasin.)

PANISSE

Bonjour, ma belle!

FANNY

Bonjour, maître Panisse!

(Elle reste sur la porte, toute pâle.)

PANISSE

Mais entre donc, voyons!

FANNY

Dites, Panisse, est-ce que je puis vous parler?

PANISSE

Mais naturellement que tu peux me parler!

FANNY

J'ai quelque chose d'extrêmement grave à vous dire. Mais ne restons pas ici, nous serons sûrement dérangés...

PANISSE

Attends. C'est bien facile. *(Il va fermer la porte et en retire le bec de cane. Puis il baisse les stores des vitrines et de la porte.)* Nous voilà en pleine tranquillité. Alors, tu as quelque chose de grave à me dire? Va, je me doute bien de ce que c'est. Ta mère t'a dit que ce matin je t'ai redemandée?

FANNY

Oui, elle me l'a dit.

PANISSE

Et tu viens me porter ta réponse?

FANNY

Oui...

PANISSE

Et tu as l'air tout ennuyée, et tu n'oses pas dire un seul mot; va, je sais bien pourquoi et je vais te faciliter la chose; tu viens me dire non encore une fois. Eh bien, tant pis, il ne faut pas te faire du mauvais sang pour moi : si c'est non, c'est non, et puis, c'est non, té, voilà tout! Tant pis, que faire?

FANNY

Vous vous trompez, Panisse. Je ne viens pas vous dire non.

PANISSE *(tremblant)*

Est-ce que tu viens me dire oui?

FANNY

Je viens vous dire que, si c'était encore possible, je dirais oui. Mais ce n'est plus possible.

PANISSE

Et pourquoi?

FANNY

Parce qu'il y a une chose grave que vous ignorez et quand vous saurez cette chose, c'est vous qui ne voudrez plus.

PANISSE

Moi, je ne voudrais plus? Ça m'étonnerait. Dis un peu cette chose, pour voir?

FANNY

Il me faut beaucoup de courage pour vous dire la vérité! Mais cette vérité, je vous la dois! Même si vous devez ensuite me mépriser.

PANISSE

Te mépriser? Mais non, mais non. Et d'abord, cette chose-là, je la sais déjà. Et même plusieurs personnes la savent. Deux fois, on a vu Marius sortir de chez toi à la petite pointe du jour. Eh bien, quoi? Et après? Si quelqu'un venait me dire : « Maître Panisse, vous avez épousé une jeune fille que vous n'avez pas été le premier », je lui répondrais : « Eh bien, dites donc, et moi, est-ce que j'étais vierge? » Non, n'est-ce pas? Alors?... Et ceux qui épousent des veuves, ou des divorcées? Qu'est-ce que ça peut faire, ça, après tout?... Pour moi, c'est tout le contraire, ça ne me fâche pas, et je vais t'expliquer pourquoi : quand un monsieur de mon âge épouse une fillette comme toi, ce n'est pas très joli, parce que ce n'est pas juste. Elle, elle va lui apporter la jeunesse et la beauté; elle s'amène toute fraîche et toute neuve. Et lui, qu'est-ce qu'il offre en échange? Un intérieur, une situation sociale, une affection et une moustache grise – je veux dire, grisonnante. Eh bien, ce n'est pas une affaire très honnête. Mais du moment que la jeune fille a eu, pour ainsi dire, un amant, eh bien, ça rétablit un peu l'équilibre et je peux me marier avec toi sans perdre ma propre estime. Je me garde toute ma sympathie... ma sympathie qui m'est personnelle

138

et que j'y tiens énormément... Voilà ma façon de penser...

FANNY

Vous êtes bon, Panisse, mais il y a autre chose : quelque chose de plus terrible, quelque chose qui ne peut pas s'effacer... *(Un temps.)*

PANISSE

Bon, ça te gêne de parler. Mais moi, je vais parler pour toi. Parce que je comprends ce que tu veux dire : il y a, que tu penses toujours à lui et que par délicatesse, tu tiens à m'avertir et à me le répéter. Eh bien, répète-le-moi tant que tu voudras. Après tout, ce n'est pas de ta faute et ce n'est pas de la mienne. Je te réponds que d'ici deux ans, tu seras une femme différente, que s'il revient, nous l'inviterons à la maison et que tu seras étonnée de voir qu'il n'est pour toi qu'un étranger.

FANNY

C'est vrai, je pense encore à lui; mais il y a encore quelque chose de plus grave... une conséquence irréparable...

PANISSE

Et quoi?

FANNY

Ne me forcez pas à le dire. Tâchez de comprendre...

PANISSE *(plein de bonne volonté)*
Eh bien, tu vois, je tâche, j'essaye, je cherche...

139

FANNY *(elle se lève)*

Non, vous ne cherchez pas, vous avez compris, je le vois. Vous prenez l'air de celui qui ne veut pas comprendre, parce que je vous fais horreur, comme à tout le monde. Je le savais... Et si je suis venue ici, ce soir, c'est à cause de ma mère...

PANISSE *(perplexe)*

Qu'est-ce que je fais semblant de ne pas comprendre?

FANNY

Allez, vous avez raison, Panisse, ne me prenez pas! Je suis une fille perdue, perdue... Et je n'ai même plus le droit de me tuer. *(Il s'approche d'elle – et sans le vouloir, il parle en provençal. Elle sanglote. Il est en proie à une grande émotion.)*

PANISSE *(à voix basse)*

Es un pitchoun, Fanny? Digo mi, Fanny, es un pitchoun? *(Elle dit « Oui » d'un signe de tête.)* Tu en es sûre? C'est le docteur qui te l'a dit? *(Même jeu.)* C'est donc pour ça que tu étais malade!

(Fanny dit « oui » d'un signe de tête.)

FANNY

Ne me méprisez pas trop, Panisse. Vous m'avez demandée ce matin, je n'avais qu'à vous dire « oui », mais j'ai voulu vous avertir. Je serais bien heureuse maintenant, si je devenais votre femme. Mais j'ai un petit enfant qui me mange le ventre. Il veut naître, et il naîtra.

PANISSE

Et tu accepterais quand même de m'épouser?

FANNY

J'accepterais d'être votre servante, je vous obéirais comme un chien. Et j'aurais tant de reconnaissance pour vous que je finirais peut-être par vous aimer!

PANISSE

Mais ce petit, tu me le donnerais? Il serait mien? Il aurait mon nom?

FANNY

C'est la seule chose que je vous demande.

PANISSE *(en extase)*

O bonne Mère!

FANNY

Vous me voulez quand même? C'est vrai?

PANISSE

Ecoute, Fanny. Tu n'as jamais remarqué mon enseigne? Il y a : « Honoré Panisse », et en dessous « Maître voilier ». Est-ce que tu as remarqué que les lettres sont un peu trop serrées sur la gauche et qu'il reste au bout, comme un espace vide?... Eh bien, regarde ça! *(Il est allé derrière le comptoir et il ouvre un tiroir fermé à clef.)* Regarde. *(De ce tiroir, il sort de grandes lettres d'enseigne, jadis dorées.)* « Ça, c'est « et ». Ça, c'est « leu ». *(Il place les lettres sur une planche.)* Ça, c'est « i », ça c'est « feu ». Ça, c'est « seu ». *(Il les a placées dans leur ordre, et il lit.)* « Et fils. » Il y a trente ans qu'elles sont dans ce tiroir, et je n'ai jamais pu les sortir. *(Un grand temps. Panisse gesticule sans rien dire. Fanny se tait.)* Attends, Fanny. Un peu de précision. Est-ce que tu as dit ton secret à quelqu'un?

FANNY

Le docteur le sait.

PANISSE

Bon. Mais lui ne pourra rien dire, puisqu'il est docteur. Et ensuite?

FANNY

Il y a ma mère et ma tante Claudine.

PANISSE

Celles-là ne diront rien à personne, à cause de l'honneur de la famille. Il n'y a personne d'autre qui le sache?

FANNY

Non, personne.

PANISSE

Bon. Et maintenant, quand est-ce qu'il va naître, MON petit?

FANNY

Au mois de février, ou au mois de mars.

PANISSE *(joyeux)*

Mais ça tombe très bien. Ce sera donc un enfant de sept mois. Et alors, à quand la noce?

FANNY

Quand vous voudrez.

142

Le plus tôt possible, à cause de l'enfant. Si on faisait ça dans la quinzaine?

Vous dites bien la vérité, Panisse? Avez-vous bien réfléchi avant de dire oui? Vous allez sauver ce petit bâtard?

Fanny, puisque nous sommes d'accord, je vais te dire tout, et tu comprendras que je ne fais pas un sacrifice. Lorsque j'ai épousé ma pauvre Félicité, elle avait ton âge, et moi j'en avais guère plus. Nous avions acheté ce magasin en monnaie de papier, tu comprends? En signant des traites à l'avance. Oh! pas cher, bien sûr, à ce moment-là, le magasin ne valait pas grand-chose. Nous, nous avons eu d'abord une ouvrière, puis deux, puis cinq, puis dix, et comme ça jusqu'à trente. Et l'argent rentrait bien. Et alors, au bout de sept ans, un beau soir, j'ai dit à ma femme : « O Félicité, tu vois comme notre magasin est beau?... »

— Oui, il est beau.

— Le commerce va très bien.

— Oui, il va très bien.

— Eh bien, écoute, Félicité, l'argent et le magasin, nous ne l'emporterons pas sous la terre.

— Bien sûr, qu'elle me dit.

— Et si nous faisions un petit?

Alors, elle devient toute rouge, peuchère, et elle se cache un peu la figure, et elle me fait : « Honoré, il y a longtemps que j'y pense, mais je n'osais pas t'en parler... » Mais alors, baste! Ma pauvre Fanny, impossible de faire un enfant. Je ne te dirai pas tous les docteurs qu'on a vus, toutes les sources minérales, tous les cierges, tous les pèlerinages, toutes les gymnastiques suédoises... et je gaze, naturellement, je gaze... Mais voilà la vérité : pendant longtemps nous avions eu peur d'avoir un petit; et puis, quand nous l'avons voulu, nous ne l'avons pas eu : nous avions dégoûté le bon Dieu. *(Un temps.)* Alors, une véritable folie m'a pris : la folie des enfants. Depuis ce moment-là, chaque fois que j'ai vu, dans la rue, un grand couillon avec un panama qui pousse une petite voiture, tu ne peux pas t'imaginer comme j'ai été jaloux. J'aurais voulu être à sa place, avoir cet air bête et ces gestes ridicules... J'aurais voulu faire : « Ainsi font, font, font... » C'était une grande souffrance... Et Félicité, je la regardais de travers – et pour la moindre des choses, nous nous disputions. Surtout à table. Je lui disais : « C'est bien la peine d'avoir un estomac comme deux monuments, et de ne pas pouvoir faire un enfant. » Et alors, elle me répondait : « Si tu n'avais pas tant bu de Picons et de Rinçolettes, peut-être tu serais bon à quelque chose. » Et enfin, petit à petit, nous nous sommes habitués à ce désespoir. Mais le magasin ne nous intéressait plus du tout. Nous n'avons vendu que l'article courant. Je n'ai plus pris la peine de dessiner des voiles spéciales, selon la personnalité et le tempérament de chaque bateau, des voiles merveilleuses, des voiles signées de mon nom, comme des peintures de musée... Et alors, pendant que je jouais aux cartes, dans les cafés, comme un imbécile, les autres en ont profité. Certains MM. Renault, Dion-Bouton, Peugeot et tutti quanti se sont mis à faire des moteurs; et voilà pourquoi notre beau vieux port est tout empuanti de pétrole : c'est parce que Félicité était stérile. Tout simplement. Et voilà pourquoi ce magasin ne travaille plus comme autrefois; c'est parce que je n'avais personne à nourrir. Mais maintenant, Sainte-Bonne Mère, ça change tout... Une femme et un petit, à moi?...

FANNY

Ah! vous êtes bon, je vous remercie. Mais pensez-y encore deux jours avant de me donner votre réponse.

PANISSE

Et pourquoi? Tu recules déjà? *(Inquiet.)* Tu attends une lettre de Marius?

FANNY

Je n'attends plus rien de personne, sauf de vous. Mais je ne voudrais pas que vous engagiez votre parole sur un mouvement de pitié.

PANISSE

Pitié? Qué pitié? Alors, tu n'as pas compris ce que je t'ai dit? Fanny, je te jure que jamais un homme n'a fait une action aussi égoïste que moi en ce moment. JE ME FAIS PLAISIR, voilà la vérité. Ses enfants, bien entendu, il vaut mieux se les faire soi-même; mais quand on attrape la cinquantaine, qu'on n'est pas bien sûr de réussir, et qu'on en trouve un tout fait, eh bien, on se le prend sans avertir les populations. Je ne te pose qu'une condition, Fanny : c'est que tu ne dises à personne, même pas à ta mère, que tu me l'as dit. Comme ça, je pourrais prendre l'air que cet enfant est à moi devant tout le monde. Tu ne le diras pas?

FANNY

Je ne dirai rien.

(On frappe à la porte du magasin et on entend la voix de César.)

CÉSAR

Oou, Panisse! C'est comme ça que tu m'attends?

PANISSE

Vouei, j'arrive.

FANNY *(effrayée)*

César! je ne veux pas le voir...

PANISSE

Tiens, passe dans la salle à manger, qui sera bientôt la tienne... Va faire connaissance avec notre grande pendule, et le beau buffet de mon père... *(César frappe à la porte avec violence. Panisse s'interrompt pour lui crier.)* « Vouei! J'arrive. » Mais fais bien attention, moi, je ne sais rien... tu ne m'as rien dit. Je vais ouvrir à cette grosse brute, qu'il va me ruiner la devanture!

(Fanny sort, Panisse va ouvrir.)

Scène VII

PANISSE, CÉSAR

PANISSE

Oou! Ne casse pas les vitrines, sauvage!

CÉSAR

Et pourquoi tu t'enfermes, comme ça? C'est pour compter tes sous, vieux grigou?

PANISSE

Tout juste, vé – que si je les comptais devant toi, tu m'en volerais la moitié.

CÉSAR

Ou peut-être, c'est pour pincer le croupion à ta commise, qué, vieux chaspeur?

PANISSE *(digne)*

Ce serait encore de mon âge si c'était dans mon caractère. Alors, tu viens pour me parler sérieusement?

CÉSAR

Oui. Tu as cinq minutes?

PANISSE

Tout l'après-midi si tu veux.

CÉSAR *(solennel)*

Et d'abord, une grave nouvelle, une nouvelle sinistre. M. Brun vient de se noyer.

PANISSE

Comment, comment? Noyé-mort, ou noyé mouillé?

CÉSAR

Mouillé, noyé et mort.

PANISSE *(très inquiet)*

César, mais qu'est-ce que tu me dis?

CÉSAR

Je te dis que tu es un assassin.

PANISSE *(affolé)*

Allons, ne plaisante pas avec ces choses-là...

CÉSAR

Je ne plaisante pas. Vas-y voir, si tu en as le courage. Il est là-bas, étendu sur le quai... Par ta faute, pour mille francs!

PANISSE *(affolé)*

Ce n'est pas possible. Ça serait terrible...

(Il va s'élancer. César le retient.)

CÉSAR

Attends. Il a encore quelque chose qui bat... Mais on ne sait pas si c'est son cœur, ou si c'est sa montre!

PANISSE

Grand couillon que tu es! J'en ai les jambes qui tremblent!

148

(Il s'assied, et essuie son front avec son mouchoir.)

CÉSAR

Je te disais ça pour rigoler. Il a chaviré, ça c'est vrai, et il a bu un bon coup, mais ses douaniers l'ont repêché... Reste assis, Honoré, ne t'inquiète pas, et parlons sérieusement. Dis donc, je sais que, il y a quelque temps, tu avais demandé la main de Fanny à Honorine.

PANISSE

Oui.

CÉSAR

La petite t'avait dit non, à cause de Marius. Elle croyait que mon fils allait l'épouser tout de suite. Si je dis quelque chose qui n'est pas vrai, arrête-moi.

PANISSE

Bon, ça va, continue.

CÉSAR

Là-dessus, mon fils est parti sur la mer. Il est parti pour longtemps.

PANISSE

Oui. Et alors?

CÉSAR

Alors, j'entends dire par-ci, par-là, et je le vois aussi par moi-même, car je n'ai pas les yeux dans ma poche et je connais bien le vieux lascar que tu es – j'entends répéter, dis-je et je vois, que tu continues – discrètement – à faire la cour à la petite – et tu m'as tout l'air d'avoir l'intention de la demander encore une fois. Qu'y a-t-il de vrai là-dedans?

PANISSE *(très calme)*

Pourquoi me demandes-tu ça?

CÉSAR

Parce que ça m'intéresse beaucoup. C'est vrai, ou ce n'est pas vrai?

PANISSE

César, quoique tu sois mon voisin et mon ami, je pourrais parfaitement te répondre que ça ne te regarde pas... et d'une!

CÉSAR

Ça ne me regarde pas?

PANISSE

Pas du tout! Oh! mais pas du tout. Seulement, comme ce que je fais est parfaitement honnête et que je n'ai rien à cacher, je préfère te le dire tout de suite : Oui, j'ai redemandé la main de la petite. Et cette fois, on ne me l'a pas refusée et nous allons fixer ce soir officiellement la date des noces.

CÉSAR

Tu en es déjà là?

PANISSE

J'en suis même encore plus loin que ça, puisque je suis en mesure de fixer la date tout de suite. La chose aura lieu dans seize jours exactement : pas vendredi, l'autre, si tu veux des précisions.

CÉSAR

Eh bien, Panisse, ce mariage ne se fera pas.

PANISSE

Il ne se fera pas?

CÉSAR

Non.

PANISSE *(effrayé)*

Pourquoi? Ton fils revient?

CÉSAR

Malheureusement non. Mon fils ne reviendra que dans 26 mois, quand il aura fini l'océanographique. Mais ce mariage ne se fera pas, parce que je ne veux pas.

PANISSE

Ah! tiens! Eh bien, tu es drôle, toi! De quel droit tu ne veux pas?

CÉSAR

Du droit que Fanny, c'est la femme de Marius. Il ne l'a pas épousée devant M. le Maire, mais ça, ce n'est qu'une formalité et nous la ferons quand il reviendra.

PANISSE

Et si la petite ne veut pas attendre?

CÉSAR

Elle voudra, parce qu'elle l'aime.

PANISSE

Elle voudra si bien, qu'elle vient de me dire
« oui ».

CÉSAR

Elle t'a dit « oui », à toi?

PANISSE

Parfaitement, à moi.

CÉSAR *(abasourdi)*

La petite elle-même t'a dit oui?

PANISSE

La petite elle-même m'a dit oui, parlant à ma
personne.

CÉSAR *(abattu)*

Alors, ça, je n'y comprends plus rien. Rien, rien.
Ou plutôt, oui, je comprends très bien : tu l'as
achetée à sa mère. Tu es allé voir cette vieille garce
d'Honorine, et tu lui as promis une rente pour elle –
et elle te l'a vendue, sa fille – vendue comme une
petite négresse d'Afrique. Dis la vérité, – vieux
négrier : c'est ça que tu as fait?

PANISSE

Voyons, César, est-ce que tu crois qu'on peut
acheter une fille si cette fille ne veut pas? Surtout
Fanny, avec le caractère qu'elle a! Voyons, rends-toi
compte!

CÉSAR

Je me rends compte que sa mère a dû lui monter le
coup, lui dire qu'elle était déshonorée, et qu'il lui

fallait un mari tout de suite, et elle te la jette dans les bras.

PANISSE

Mais non, pas du tout, pas du tout. C'est du roman.

CÉSAR

Voyons, Honoré. Tu sais que ce mariage serait un scandale, une énormité, une sinécure, une gabegie. Tu le sais bien que ce serait une gabegie.

PANISSE *(perplexe)*

Qu'est-ce que c'est une gabegie, d'après toi?

CÉSAR

Ça veut dire quelque chose de criminel, de honteux, quelque chose qui ne va pas bien. Et d'ailleurs, je ne suis pas ici pour te donner des leçons de français, mais pour te rappeler à ton devoir. Si ces deux femmes sont folles, tu ne vas pas profiter de leur folie. Réponds-moi, Honoré. Est-ce que tu l'épouseras?

PANISSE

Tout juste.

CÉSAR

Et pourquoi?

PANISSE

Parce que tel est mon bon plaisir.

CÉSAR

O nom de Dieu!... *(Il se maîtrise).* – Ecoute,

Panisse, ne nous disputons pas. Soyons calmes, causons comme deux vieux amis. Je sens que nous sommes sur le point de crier comme deux marchands de brousses, et qu'à la fin, je t'étranglerai une fois de plus. Bien calmes, bien posément.

PANISSE

Mais je veux bien, moi.

CÉSAR

Eh bien, permets à ton vieil ami de te dire que ce que tu veux faire, ce n'est pas joli, joli.

PANISSE

Qu'est-ce qui n'est pas joli, joli?

CÉSAR

Qu'un homme vieux soit le mari d'une fillette. Ce n'est pas propre.

PANISSE

J'y ai pensé.

CÉSAR *(avec un immense dégoût)*

C'est tout à fait déplaisant. C'est une chose qui déplaît.

PANISSE *(souriant)*

Moi, ça ne me déplaît pas.

CÉSAR

Tu vois! Tu viens de montrer le fond de ton idée! Tu épouses Fanny parce qu'elle est jeune et que ça te ferait plaisir de frotter sa jolie peau fraîche contre ton vieux cuir de sanglier.

PANISSE

Mais non, mais non, ce n'est pas que pour ça.

CÉSAR

Ce n'est pas que pour ça, mais c'est un peu pour ça, tu viens de le dire. Eh bien, tu me dégoûtes. Je suis dégoûté.

(Il regarde Panisse avec un immense dégoût.)

PANISSE *(souriant)*

Eh bien, c'est ton droit. Sois dégoûté! Que veux-tu que j'y fasse?

CÉSAR

Je veux que tu ne me dégoûtes pas. Je veux que dans ces circonstances graves et familiales, tu te conduises comme un gentilhomme provençal et non pas comme le dernier des margoulins.

PANISSE

Et si ça me plaît de me conduire comme le dernier des margoulins?

CÉSAR

Si tu refuses de suivre les conseils de ton vieil ami, alors, je serai dans l'obligation, le jour de la noce, de t'attendre devant l'église!

PANISSE

A la sortie?

CÉSAR

Non. A la rentrée.

PANISSE

Et qu'est-ce que tu me diras?

CÉSAR

La première parole que je te dirai, ce sera un coup de marteau sur le crâne! Et ensuite, je te saisis, je te secoue, je te piétine, et je te disperse aux quatre coins des Bouches-du-Rhône.

PANISSE

C'est entendu. Moi, si tu me donnes le moindre coup de marteau, même avec un marteau d'horloger, je te fous deux coups de revolver et pas un revolver miniature : un rabattan.

(Il sort du comptoir un énorme revolver d'ordonnance.)

CÉSAR *(ahuri)*

Coquin de sort, il ne lui manque que deux roues pour faire un canon.

PANISSE *(qui se monte peu à peu)*

Ecoute, César, il y a quarante ans que je te connais, et depuis quarante ans, tu te dis « mon vieil ami ». Mon vieil ami! C'est mon vieil emmerdeur qu'il faudrait dire!

CÉSAR *(stupéfait)*

Quoi?

PANISSE

Depuis l'âge des chaussettes, tu m'empoisonnes, tu me tyrannises, tu me tortures, tu me supprimes! A dix ans, tu m'empêchais de jouer aux jeux qui me plaisaient et tu me forçais de jouer aux tiens! Pendant que je jouais aux billes avec d'autres et que je me régalais, toi, tu apparaissais tout d'un coup et tu criais : « Honoré, viens jouer à sèbe! » Et j'y allais, comme un mouton... Et ça me dégoûtait, de jouer à sèbe. J'avais horreur de jouer à sèbe... J'en ai tant souffert de ces amusements forcés, que, même maintenant, quand je vois des enfants qui jouent à sèbe, je les disperse à coups de pied dans le cul.

CÉSAR *(ahuri)*

Mais qu'est-ce que c'est que cette histoire de sèbe? Est-ce que tu deviens fou?

PANISSE *(lancé)*

Dans la rue, tu me forçais à porter ton cartable. Quand tu attrapais deux cents lignes, en classe, tu venais jusque chez moi pour m'obliger à les faire à ta place – et toi, pendant ce temps, tu me mangeais mes berlingots. Tu m'en as tellement fait, de misères, qu'à un moment donné, je les écrivais sur un petit carnet et je me disais : « Peut-être qu'en grandissant, un jour, je serai plus fort que lui – et alors, quelle ratatouille je lui foutrai! » Malheureusement, c'est toi qui as grandi le premier...

CÉSAR *(consterné)*

Folie, folie de la persécution.

PANISSE

Et plus tard... quand j'ai connu Marie Frisette, et que j'en étais amoureux fou, et que je lui plaisais beaucoup – toi, tu as tout fait pour nous séparer – tout. Parce que tu étais jaloux!

CÉSAR

Moi, j'étais jaloux de Marie Frisette? Mais malheureux, elle était horrible à voir, Marie Frisette! Elle était maigre comme une bicyclette, et elle louchait!

PANISSE

Elle n'était pas maigre, elle était mince et elle ne louchait pas, elle avait ce que l'on appelle une coquetterie dans l'œil.

CÉSAR *(il rit)*

Et à part ça, elle était ravissante!

PANISSE

Mais ce n'est pas d'elle que tu étais jaloux : c'était de moi!

CÉSAR

Moi, j'étais jaloux de toi? Mais qu'est-ce que tu insinues?

PANISSE

Oui, de moi. Parce que quand j'étais avec elle, tu perdais ton esclave... Voilà pourquoi tu nous as fâchés... Et cette tyrannie abominable, elle a duré plus de trente ans!

CÉSAR

Mais pourquoi m'as-tu supporté, puisque tu me détestais à ce point?

Parce que tu as une grande gueule. Oui, tu as une grande gueule et rien d'autre! Et maintenant, tu t'imagines que ça va continuer? Tu as la prétention d'empêcher mon mariage? Mais nom de Dieu, avec deux balles de revolver, je te la fais éclater, la coucourde!

(Il pose violemment le revolver sur le comptoir. Le coup part, la balle fait éclater la tête du scaphandre, qui s'effondre. Panisse est stupéfait. César reste calme.)

CÉSAR

Tu as déjà tué l'escaphandre...

PANISSE *(flageolant)*

Que ça te serve de leçon, parce que moi, je te tuerai comme celui-là. *(Il va le ramasser.)*

CÉSAR

Pauvre marteau, va... Va boire un coup, que ce revolver t'a fait tellement peur que tu ne tiens plus sur tes jambes!... Au fond j'ai bien tort de discuter avec un agité de cette espèce. Ce n'est pas à lui qu'il faut que je parle : lui, il ne comprend rien. C'est à la petite que je vais parler et je te donne ma parole que ce mariage ne se fera pas. *(Il va sortir.)*

PANISSE *(brusquement décidé)*

Tu veux parler à la petite? Eh bien, écoute, tu peux lui parler tout de suite.

(Il va ouvrir la porte et il appelle Fanny.)

Elle est ici?

Fanny, César veut te parler!

(Fanny entre.)

Scène VIII

CÉSAR, PANISSE, FANNY

CÉSAR

Qu'est-ce que tu viens faire ici?

PANISSE

Elle va te le dire, mais ce n'est pas à toi de poser des questions *(Il se tourne vers elle.)* Fanny, César a la prétention d'empêcher notre mariage par tous les moyens, et même à coups de marteau sur ma tête. Il pense avoir des droits sur toi et il affirme que tu lui appartiens parce que son fils t'a fait le grand honneur de t'abandonner. Dis-lui ta façon de penser.

CÉSAR

Attends, Fanny, ne réponds pas encore. Il te présente mal la chose parce qu'il est de mauvaise foi. Moi, je dis simplement que tu es la fiancée de Marius. Il t'a quittée momentanément, mais toi, tu attends qu'il revienne, parce que tu sais qu'il reviendra. Voilà, c'est tout simple. N'est-ce pas que j'ai raison?...

CÉSAR, je ne peux pas l'attendre encore deux ans.

FANNY

César, je ne peux pas l'attendre encore deux ans.

CÉSAR

Tu ne peux pas?... Oui, tu languis, je le sais... Mais tu es bien forcée de l'attendre, puisque tu l'aimes!

FANNY

Oui, je l'aime. Panisse le sait! Mais à cause de ma mère, à cause de ma famille, je ne peux plus attendre!

CÉSAR

Ça y est! Ils lui ont monté le coup! J'en étais sûr!

FANNY

Non, César, ma mère a raison. Vous, vous ne pouvez pas comprendre.

CÉSAR

Je comprends qu'à cause du qu'en dira-t-on, elle veut te mettre au lit de Panisse. Mais qu'est-ce que ça peut nous faire, les commérages de quatre vieilles déplumées qui tricotent sur les portes? Et ta mère? Elle devient chatouilleuse, tout d'un coup! Est-ce qu'on ne disait pas, autrefois, qu'elle était la maîtresse de ton père, avant leur mariage? Et après? Est-ce que ça les a empêchés d'être heureux? Allons, dis à Panisse qu'on t'a effrayée : il est assez vieux pour comprendre la chose. Il te rend ton « oui », va. Et pour ta mère, moi, je vais lui expliquer.

FANNY

Non, César, non. Il me faut un mari.

CÉSAR

Et c'est toi qui dis ça? Il te FAUT un mari? Et tu accepteras le premier singe venu en chapeau melon pourvu qu'il t'épouse et qu'il ait de l'argent?

FANNY

César, je l'attendrais dix ans si je pouvais l'attendre. Mais maintenant, je ne peux plus. Si Panisse veut encore de moi, je suis prête à l'épouser.

CÉSAR

Mais ce n'est pas possible, nom de Dieu! C'est donc ça que tu mijotais tout le temps! C'est donc pour ça que tu l'as fait partir... D'ailleurs tu le lui as dit franchement. Tu lui as dit que tu préférais l'argent de Panisse! Il me l'a écrit. Je ne te l'ai pas dit, mais il me l'a écrit... Tu le lui as fait comprendre...

FANNY

Je mentais, pour lui enlever un souci, parce que je voulais son bonheur... J'ai voulu l'aider... S'il m'avait aimée comme je l'aime, il aurait compris. C'était bien facile à deviner. Il aurait dû le voir, que je mentais...

CÉSAR

Non, tu ne mentais pas. La preuve, c'est que pendant qu'il courait vers ce bateau de malheur, tu m'as retenu dans le bar. Tu savais que je l'aurais empêché d'embarquer... Alors, comme une hypocrite, tu m'as parlé de votre mariage pour me mettre la larme à l'œil... Et moi, comme un imbécile, j'étais tout ému, et je t'écoutais... la plus grande preuve que tu voulais vraiment épouser Panisse, c'est que tu le fais maintenant... Je constate que tu sautes sur les sous de ce vénérable satyre, et que tu viens le relancer jusqu'ici... Si tu avais la conscience tranquille, tu ne serais pas allée te cacher lorsque j'ai secoué la porte... Va, tu es bien la nièce de ta tante Zoé. Celle-là, elle s'y entendait pour faire danser les vieux pantins... Finalement, je suis bien content que mon fils soit parti. Il a eu raison, il a très bien fait! Moi, je vais lui écrire, je vais lui expliquer la chose... Et je te garantis que s'il avait gardé le moindre regret, je te garantis qu'il n'en aura plus!

(Il se dirige vers la porte. Fanny s'élance vers lui.)

FANNY

César, je vous en supplie...

PANISSE

Laisse-le partir, cet imbécile...

FANNY

Non, non, Panisse, dites-lui tout. Dites-lui tout...

CÉSAR *(il se retourne vers eux)*

Me dire quoi?

PANISSE

S'il n'a pas encore compris, c'est qu'il est aussi bête que méchant.

CÉSAR

Compris quoi?

FANNY

Panisse, dites-lui, dites-lui...

CÉSAR

Qu'est-ce qu'il y a?

PANISSE

Eh bien, il y a que la petite Fanny se trouve dans une position qui n'est guère intéressante pour une jeune fille.

CÉSAR

Comment? Comment?

PANISSE

Et qu'il faut bien qu'il se trouve un brave homme pour réparer le crime de ton galapiat de naviga-teur!

CÉSAR

Un petit? Tu portes un enfant de Marius? *(Rugis-sant.)* Comment! Elle va avoir un enfant, et tu veux me le prendre?

PANISSE

Comment, te le prendre?

CÉSAR

Mais il est mien! C'est le petit de mon petit! Et vous voulez me le voler? *(Hurlant.)* Mais vous êtes fou, nom de Dieu! Mon petit-fils! Fanny est-ce que tu y penses?

FANNY

Je pense à ma mère et à ma famille.

CÉSAR

Je me fous de ta mère et de ta famille. Ta famille, c'est Marius et ton petit, et moi. Quant à ce monsieur, qu'il se taise, il n'en est pas. Allons, viens à la maison.

FANNY

Non, non, César. Ecoutez-moi. Vous n'avez pas pensé à tout... Marius ne peut pas revenir avant deux ans et si j'ai un enfant sans avoir un mari, ma mère mourra de honte...

CÉSAR

Mais non, on ne meurt pas comme ça...

PANISSE

Tu connais Honorine... Tu sais comme elle a été malade lorsque sa sœur Zoé a mal tourné. Si sa fille est déshonorée, ça sera pire.

CÉSAR *(incrédule)*

Désohonorée! Ah! vaï, déshonorée!

FANNY

Mais oui, déshonorée... Je ne serai qu'une fille perdue et méprisée...

PANISSE

Dans trois mois, quand elle passera sur le port, on ne se gênera pas pour dire : « Tiens, la petite Fanny a attrapé le ballon! » Ou bien « Ça doit être un moustique qui l'a piquée... »

FANNY

Et ma mère, à la poissonnerie, vous pensez ce que les autres vont lui dire!

CÉSAR

Mais puisqu'on saura que c'est l'enfant de Marius!

FANNY

Justement. Tout le monde sait bien que Marius est un honnête garçon et on pensera que s'il m'a quittée après une chose pareille, c'est qu'il y a une vilaine raison.

CÉSAR

Mais pourquoi?

PANISSE

On dira : « S'il l'a quittée, c'est qu'il a vu qu'il n'était pas arrivé le premier. » Ou alors « qu'il n'était pas sûr que l'enfant soit de lui »... et on dira aussi, comme toi tout à l'heure : « D'ailleurs, c'est l'habitude dans la famille. Il y a déjà eu sa tante Zoé qui n'a jamais eu le temps de remettre sa culotte »... Et voilà le calvaire que tu prétends imposer à ces deux femmes?

CÉSAR

Si elle ne devait jamais se marier, je ne dis pas non. Mais d'abord, moi, je suis là pour les protéger et les défendre. Et ensuite, elle aura un mari dans deux ans.

PANISSE

Elle l'aura, ou elle ne l'aura pas. Admettons que

ton fils revienne. Es-tu sûr qu'il voudra épouser la petite?

CÉSAR

Mais parfaitement, j'en suis sûr.

FANNY

Depuis qu'il est parti, il a écrit deux fois. Pas à moi, à vous.

CÉSAR

C'est naturel. Mais il parle toujours de toi dans ses lettres.

FANNY

Oui, comme d'une étrangère.

PANISSE

Et dans la lettre que tu as reçue tout à l'heure, est-ce qu'il en parle de la petite? Non, il ne t'en parle pas.

CÉSAR

Qu'est-ce que tu en sais?

PANISSE

S'il t'en parlait, tu l'aurais déjà dit. Est-ce qu'il te parle de son retour? Non, il ne t'en parle pas. Allons, César, il s'agit de l'honneur et de la vie de Fanny. Sois de bonne foi. Dis la vérité.

CÉSAR *(hésitant)*

La vérité, c'est qu'elle a eu bien tort de le laisser partir. Il ne me parle plus beaucoup d'elle... quoique dans sa dernière lettre, à la fin, il m'a dit de lui donner le bonjour de sa part...

PANISSE

Oh c'est bien gentil de sa part *(Fanny s'est levée. Elle va pleurer sur le comptoir.)* Regarde, comme ça lui fait plaisir à la petite. Ça règle tout : il t'envoie le bonjour.

CÉSAR *(violent)*

Mais quand il saura qu'il a un fils, il épousera la mère tout de suite... Ou alors, je lui casse la gueule.

PANISSE

Ça n'arrangerait rien. Et puis, là, nous parlons comme s'il revenait sûrement dans deux ans. Et déjà, nous ne sommes pas sûrs du mariage. Et s'il ne revient pas?

CÉSAR

Comment, s'il ne revient pas? *(Terrible.)* Et tu oses penser à ça?

PANISSE

Et toi, tu oses ne pas y penser? Est-ce que c'est toi, par hasard, qui fabriques les tempêtes, les typhons, les tornades et les cyclones? Est-ce que c'est toi qui les lâches sur la mer quand ça te fait plaisir? Et si son bateau sombrait? Voyons, César, peux-tu nous jurer que tu es sûr que ton fils reviendra et qu'il épousera la petite?

CÉSAR

Honoré, il y a huit chances sur dix pour que ce mariage se fasse – mettons sept chances sur dix.

PANISSE

Mettons six, ou même cinq.

FANNY

Et il en reste beaucoup pour que la vie de cet enfant soit gâchée.

PANISSE

Maintenant, personne ne le sait et n'importe qui peut épouser Fanny et donner son nom au petit sans être ridicule.

FANNY

Mais quand il sera né? Qu'est-ce que ça sera?

PANISSE

Un petit bastardon, rien de plus.

CÉSAR *(pensif)*

C'est vrai, ça, c'est vrai...

FANNY

Et plus tard, à l'école, ses petits amis lui diraient : « Moi, mon père est mécanicien ou boulanger. Et le tien, qu'est-ce qu'il fait? » Et le pauvre petit deviendra tout rouge et il dira : « Moi? J'en ai pas. »

CÉSAR *(pâle)*

Oh! bon Dieu!

FANNY

J'ai pensé longtemps à toutes ces choses. Je pense à ma mère, je pense à l'enfant, à toute ma famille... Il vaut mieux que je devienne Mme Panisse, et tout le monde sera content, même Marius.

CÉSAR *(faiblement)*

Mais non, mais non...

PANISSE *(vivement)*

D'abord, si j'épouse la petite, cet enfant aura un père, et un nom. Il s'appellera Panisse.

CÉSAR

Si par hasard il s'appelait Panisse, en tout cas, il s'appellerait Marius Panisse. César-Marius Panisse.

PANISSE

Ça si tu veux, puisque tu serais le parrain. Comme ça, tu ne le perdrais pas, tu t'occuperais de lui tant que tu voudrais. De plus, il serait riche. Il y a une chose que personne ne sait, parce que j'en ai un peu honte. D'habitude, au café, quand on parle de la fortune des uns et des autres, moi, je dis toujours que j'ai six cent mille francs. Eh bien, c'est pas vrai, César, j'en ai plus du double.

CÉSAR

Toi? Tu es millionnaire?

PANISSE

Plus la valeur du magasin, ce qui fait un million et demi. Fanny elle-même ne le savait pas. Maintenant, je le dis, parce que c'est utile à la conversation.

CÉSAR

Et tu laisserais tout ça au petit?

PANISSE

Naturellement, puisque c'est mon fils.

CÉSAR

Evidemment que ce garçon aurait la vie plus belle, surtout si l'autre s'obstine à vouloir naviguer toute sa vie... *(Il hésite, puis il avoue.)* Il me l'a écrit... Il dit que c'est son étoile, et qu'il veut passer sa vie sur la mer...

PANISSE

Tu vois bien...

CÉSAR

Mais il faut que je réfléchisse.

(Un temps.)

CÉSAR

Et moi si je lui laissais le bar, ajouté à toi, ça ne ferait pas loin de deux millions... Fanny, ce garçon, à vingt ans, il pourrait fumer des cigares comme le bras!

PANISSE

Si ce n'est pas une fille.

CÉSAR *(scandalisé)*

Une fille? Qu'est-ce que tu vas chercher? O Porte-malheur! *(Il rit, puis il secoue la tête.)* Honoré, il y a une chose qui ne va pas dans cette affaire.

Et quoi?

CÉSAR

L'enfant va naître beaucoup trop tôt, puisqu'il est déjà fait depuis au moins deux mois! Et tout le monde comprendra.

PANISSE

Je viens d'y penser : ce sera un enfant de sept mois, et voilà tout.

CÉSAR

Qui va le croire?

PANISSE

Tout le monde, parce que j'ai mon plan. Ecoute bien... Quand ce sera le moment, vers la fin, un soir, je l'emmène faire une petite promenade en voiture sur la Gineste, pour prendre l'air. Je m'arrête dans un endroit solitaire; avec un marteau, je casse un phare, je cabosse une aile. C'est un accident d'automobile. La mignonne prend peur, et voilà ce que tu liras dans *le Petit Provençal* :

« En descendant la côte de la Gineste, au lieu-dit La Fontasse, la voiture que conduisait Maître Honoré Panisse, déportée dans le virage, a violemment heurté un pylône électrique. Les dégâts sont peu importants. Mais en arrivant chez elle, l'épouse du maître voilier a prématurément mis au monde un garçon parfaitement viable, et M. le Docteur Venelle nous affirme que la mère et l'enfant se portent bien. Un blâme à l'imprudent conducteur, mais nos félicitations aux heureux parents. »

CÉSAR

O Panisse! Tu es une belle canaille! Ça ne m'étonne pas que tu gagnes tant d'argent!

(Entre Honorine, suivie de Claudine.)

Scène IX

HONORINE, PANISSE,
CLAUDINE, CÉSAR, FANNY

HONORINE

Alors, il faudra que je passe ma vie à te chercher?

PANISSE

Elle n'est pas en danger, Norine, quand elle est ici! Té, bonjour, Claudine, vous allez bien?

CLAUDINE

Mes jambes me portent plus, vé! Il faut que je m'assoie!...

HONORINE

Alors, vous faites la conversation avec César?

CÉSAR

Oui, nous parlions. Et d'une chose qui ne me plaît guère.

PANISSE *(rayonnant)*

Norine, la petite m'a dit « oui ».

HONORINE *(à César)*

Et c'est ça qui ne vous plaît pas?

CÉSAR

Eh oui, c'est ça... Parce que Marius...

HONORINE

Eh bien celui-là, il ne manquerait plus que ça qu'il dise quelque chose! Un navigateur, qui est peut-être en train de danser la bamboula sur la plage de Tahiti, et qui va rapporter à la maison une belle vérole des tropiques comme le neveu de Mathilde, qu'on a fini par mettre chez les fous.

CLAUDINE

Il faut vous faire une raison, César. C'est lui qui l'a voulu...

CÉSAR

Je le sais bien... Je le sais bien... Mais moi, ça me fait peine de perdre une belle fille comme Fanny... Moi, j'avais l'habitude de la voir aux coquillages, et d'entendre claquer ses petits sabots... Elle n'y viendra plus, maintenant...

FANNY *(elle s'est rapprochée de lui,
il pose son bras sur son épaule)*

Mais si, je viendrai encore. Pas tous les jours, peut-être, mais je viendrai...

CÉSAR

Tu ne pourras plus... La femme de Maître Panisse, président du Syndicat, juge au tribunal de commerce. Tu auras les talons pointus, la fourrure, les gants et même le chapeau... Enfin... Je ne sais plus quoi dire. *(Il se tourne vers Panisse.)* Honoré, fais la bise à ta mère!

PANISSE

Qu'est-ce que tu racontes?

CÉSAR

Voilà ta mère, et voilà ta tante!

PANISSE

Alors, je les embrasse toutes les deux! *(Il fait comme il dit.)*

CÉSAR

Au fond, toute la famille est réunie. Il n'y a que moi qui n'en suis pas. Mais peut-être un jour, j'en serai.

HONORINE

Dites, vous avez l'intention de m'épouser, peut-être?

CÉSAR

Ça, c'est encore possible : mais surtout, s'ils ont des enfants, c'est moi qui serai le parrain. Pas vrai, Panisse?

PANISSE

C'est juré, ça, César, mais attends au moins que le premier soit commencé.

HONORINE *(à César)*

Vous croyez, vous, qu'ils auront des enfants?

CÉSAR

Mais certainement, qu'ils en auront!

CLAUDINE

Pourquoi pas? Ce Panisse est tellement coquin. Peut-être ils en auront une demi-douzaine!

HONORINE *(à Panisse)*

Ça vous étonnerait, vous, d'avoir des enfants?

PANISSE

Une demi-douzaine, ça m'étonnerait. Ça m'inquiéterait même!... Mais un? Ça ne m'étonnerait pas du tout!

CÉSAR

Je vous dirai même qu'il y compte!...

RIDEAU

ACTE TROISIÈME

Une belle salle à manger provençale, celle de Maître Panisse. A gauche, au premier plan, un secrétaire fermé.

A la grande table, un vieux monsieur à cheveux blancs est assis. Un registre et des feuilles de papier sont devant lui. Il les examine tour à tour, et prend des notes. On frappe discrètement à la fenêtre. Le vieux monsieur se lève et l'ouvre. M. Brun paraît.

Scène I

M. BRUN, RICHARD, HONORINE, PANISSE, FANNY

M. BRUN

Bonsoir Richard.

RICHARD

Bonsoir monsieur Brun.

M. BRUN

Est-ce que Maître Panisse est là?

RICHARD

Non. Il est allé avec Madame au grand dîner du Yacht Club. Mais il va rentrer de bonne heure, parce qu'il part au train de 10 h 30 pour Nice, pour le congrès des moteurs Beaudoin et il faut qu'il signe la déclaration fiscale ce soir, dernier délai.

M. BRUN

Est-ce que vous pourriez lui faire discrètement une commission?

RICHARD

Bien sûr. Pourquoi discrètement?

M. BRUN *(hésitant)*

Parce que c'est une chose un peu personnelle. D'ailleurs sans gravité... Dites-lui simplement : Marius est revenu.

RICHARD

Celui du bar?

M. BRUN

Oui. Le chef de gare, qui me téléphonait pour une affaire de service vient de me dire qu'il l'a vu en train de boire un verre au buffet avec un officier de marine... Au fond, c'est un fait sans importance. Mais il vaut peut-être mieux que maître Panisse en soit averti... Enfin, qu'il ne soit pas surpris quand il le reverra... s'il le revoit...

RICHARD *(inquiet)*

Monsieur Brun, moi je suis comptable, et ça ce sont des affaires qui n'ont pas de comptabilité, et je ne veux pas m'en mêler! Oh que non!

M. BRUN

Dans le fond, je vous comprends... Et puis, finalement, il ne s'agit pas d'une catastrophe; et il le saura bien assez tôt. Bonsoir Richard.

RICHARD

C'est M. César qui va être content! Vous allez le lui dire?

M. BRUN

Non! Je vais boire un café avec lui, comme d'habitude – mais sans rien dire, pour lui laisser la surprise! Bonsoir Richard...

RICHARD

Bonsoir monsieur Brun.

(Honorine entre par la droite.)

HONORINE

Qui c'était?

RICHARD

M. Brun qui a dit bonsoir en passant!

HONORINE

Ça vous dérange si j'écoute un peu la radio?

RICHARD

Pas le moins du monde!

HONORINE

Surtout que je la mets pas trop fort, parce que le petit dort.

(Elle s'installe devant le poste. On entend ouvrir la porte d'entrée, puis Fanny entre, suivie de son mari.

Elle est en manteau de fourrure et robe du soir.
Panisse, en habit, la suit. Il va directement à la radio
et tourne le bouton.)

PANISSE *(à Richard)*

Vous êtes encore là?

RICHARD

La déclaration. A partir de demain minuit, 10 %
de majoration. Alors, si vous ne rentrez pas demain
après-midi...

PANISSE *(tout en signant)*

Je pense être là vers les six heures mais il se
pourrait aussi que je ne rentre qu'après-demain
matin... *(A Honorine.)* Comment est le petit?

HONORINE

Il était un peu chaud, mais il s'est bien endormi.

PANISSE

Un peu chaud? Et vous n'avez pas appelé le
docteur?

HONORINE

Mon Dieu non! Il l'a vu il n'y a pas trois jours.

PANISSE

En trois jours, on peut tomber malade.

(Il sort.)

HONORINE

Mon Dieu que cet homme est pénible!

(Fanny quitte ses gants.)

RICHARD *(il range ses papiers)*

Madame, j'ai peur de manquer le dernier tramway... Je vous ai apporté une lettre recommandée reçue cet après-midi. *(Il lui tend une lettre ouverte.)* C'est le capitaine de l'Hippocampe. Il dit que le foc que nous avons fait est beaucoup trop petit.

FANNY

Nous l'avons fait sur les mesures qu'il nous a données.

RICHARD

Ils disent que nous n'avons pas compris les mesures anglaises.

FANNY

Mon mari les connaît et s'il y a eu une erreur, c'est eux qui se sont trompés. Je vais leur répondre immédiatement. Et la traite Lambert?

RICHARD

Elle est payée.

(Il lui tend l'avis de la banque.)

FANNY

Bien. A demain, Richard.

RICHARD

Bonsoir Madame.

(Il sort. Fanny va s'asseoir à sa place, et lit le

courrier qu'elle classe. Entre Panisse en costume de voyage. Raglan, foulard, casquette.)

Scène II

PANISSE, HONORINE, LE CHAUFFEUR, MARIUS, FANNY

PANISSE

Norine, vous devriez rester auprès du petit. Il dort, mais il a les joues bien rouges, et on parle beaucoup de la coqueluche!

HONORINE

Quand il est pâle, vous en avez la colique, quand il a de belles joues rouges, vous croyez qu'il va mourir! De quelle couleur vous voulez qu'il soit?

PANISSE

Rose.

HONORINE

Eh bien, il est rose.

PANISSE

Prenez-lui tout de même la température.

HONORINE

Non. Rien qu'en touchant son front, moi je sais s'il a la fièvre. Et puis, à force de lui mettre ce thermomètre dans le derrière, on finira par lui donner de mauvaises habitudes.

(Elle sort. Panisse hausse les épaules et s'approche de Fanny.)

PANISSE

Surveille-le. Et à la moindre des choses, appelle Félicien. Il n'a que trois pas à faire. Bon. Alors, je pense être là demain soir, ou au plus tard après-demain vers midi... D'ici là...

(On frappe à la porte, et un chauffeur en casquette entre.)

LE CHAUFFEUR

Monsieur, il est dix heures cinq.

PANISSE

Bon. J'arrive. Alors, ma chérie, à demain. Dans tous les cas, je te téléphonerai.

(Il baise le front de sa femme et sort. Fanny va ouvrir le secrétaire, ôte la housse d'une machine à écrire, y engage deux feuilles de papier, un carbone, relit la lettre recommandée, et commence à taper la réponse.

Un volet de la fenêtre du fond s'ouvre lentement. L'ombre d'un homme frappe discrètement à la vitre. Fanny se lève et s'approche. La fenêtre s'ouvre. Fanny fait un pas en arrière. C'est un marin, c'est Marius.)

MARIUS

N'aie pas peur, Fanny. C'est moi, c'est Marius.

FANNY

Tu es de retour?

MARIUS

De passage, ne t'inquiète pas. Je veux simplement
te dire bonjour, en passant, ou plutôt bonsoir... Si ça
ne te dérange pas. *(Il franchit la fenêtre d'un saut.
Fanny recule. Marius la regarde, puis il paraît hésitant.)* Je me demande s'il ne faut pas t'appeler
Madame, et te dire vous.

FANNY

Ce serait ridicule.

MARIUS

Tu as tellement changé!

FANNY

J'ai vieilli.

MARIUS

A ton âge, vieillir ça s'appelle embellir. Ton mari
n'est pas là?

FANNY

Il dort. Nous sommes allés dîner en ville ce soir...
Et il faut qu'il se lève de bonne heure demain
matin... Tu boiras bien un verre de quelque chose?

MARIUS

Volontiers. Mais j'aurais aimé de trinquer avec lui,
pour qu'il ne se fasse pas des idées... Et puis le
revoir, lui parler...

(Elle a pris un plateau dans un bahut.)

FANNY

Tu pourras le voir demain certainement.

MARIUS

Ce n'est pas possible. Je repars pour Paris à 5 heures. Il faut que je sois à la gare avant 4 heures. Je vais à Paris, en mission.

FANNY

Ton bateau est revenu?

MARIUS

Non. Il est encore à Tahiti. Figure-toi que nous avons traversé un cyclone – pendant des heures tout a valsé – et plusieurs appareils océanographiques en ont pris un grand coup. Alors, ces appareils on ne peut pas les réparer n'importe où. Il faut les ramener à ceux qui les ont faits... Parce que c'est de la précision. C'est scientifique... Ça marche à l'électricité... Un pastis terrible... Alors, on les a transbordés sur un contre-torpilleur qui rentrait à Toulon, avec une mission de trois hommes et le second pour les convoyer... Et moi, j'ai fait partie de la mission, parce que j'ai demandé... Je me languissais.

FANNY

Tu te languissais de revoir ton père?

MARIUS

Oui, mon père, Marseille, Escartefigue, toi... tout le monde, quoi...

FANNY

Et qu'est-ce qu'il t'a dit?

MARIUS

Qui?

FANNY

Ton père.

MARIUS

Je ne l'ai pas encore vu... Je me suis arrêté ici en passant, quand j'ai vu ta fenêtre éclairée... Mais maintenant, je vais aller dîner avec lui. Après, nous retournerons à Tahiti, avec les appareils...

FANNY

Tu as vu les Iles Sous-le-Vent?

MARIUS

Naturellement. C'est très joli. C'est des montagnes qui sortent de la mer... Avec des arbres magnifiques... Il y a des gros crabes qui montent jusqu'en haut des cocotiers, pour faire tomber les noix de coco... Et puis, il ne fait jamais froid... Tout le monde est presque nu... Il y a beaucoup de belles filles, et des beaux hommes qui jouent de la guitare. Ils mangent des poissons et des fruits, des beaux fruits qui ont le goût de térébenthine. Et puis, des îles comme ça, il y en a beaucoup. Enfin, dans six mois, le bateau rentre, et mon engagement est fini.

FANNY

Et alors, que feras-tu?

MARIUS

Je ne sais pas encore... Je verrai.

FANNY

Tu n'as plus cette folie de naviguer?

MARIUS

On ne peut pas dire que je ne l'ai plus. Mais les folies, tu sais, c'est toujours pareil, dès qu'on a ce qu'on voulait, on se demande un peu pourquoi on l'a voulu!

FANNY

Alors tu n'es pas heureux sur la mer?

MARIUS

On est toujours heureux quand on est là où on a voulu aller. Et si on disait qu'on est malheureux, ça voudrait dire qu'on a été bien bête... Non, je ne suis pas malheureux, bien sûr... Mais je me suis rendu compte que si j'étais resté ici, je ne serais pas malheureux non plus. Et toi, tu es heureuse?

FANNY

J'ai un bon mari.

MARIUS

Et une belle maison.

FANNY

Oui, une belle maison.

MARIUS

Ta mère va bien?

FANNY

Oui. Très bien. Honoré n'a pas voulu qu'elle reste

à la poissonnerie et pour les coquillages, il a mis une commise. Alors, maman habite avec nous.

MARIUS

Comme ça, tu es encore plus tranquille, pour faire marcher la maison... *(Un silence. Marius se lève.)* Alors voilà. Je vais dîner avec mon père, et je reprendrai le train pour Paris cette nuit...

(On frappe à la porte qui s'ouvre. Paraît le chauffeur, derrière un beau bouquet de roses. Il ôte sa casquette.)

LE CHAUFFEUR

Monsieur vous envoie ces fleurs – c'étaient les dernières de la petite bouquetière de la gare. Il m'a chargé de vous dire qu'il faisait le voyage avec M. Tavernier, le pharmacien, et qu'il rentrera demain par le train qui arrive à 16 h 30.

FANNY *(elle prend les fleurs)*

Merci.

LE CHAUFFEUR

Madame a besoin de la voiture demain matin?

FANNY

Oui, vers dix heures. Quelques courses en ville.

LE CHAUFFEUR

Bonsoir Madame.

FANNY

Bonsoir Lucien.

(Le chauffeur salue Marius d'un signe de tête, et sort.)

Scène III

MARIUS, FANNY, CÉSAR, PANISSE, LE DOCTEUR

MARIUS

Pourquoi me l'as-tu pas dit?

FANNY

Parce qu'en l'absence de mon mari, il n'était pas honnête de te recevoir dans sa maison.

MARIUS

Pourtant, tu m'as reçu quand même.

FANNY

Parce que tu ne le savais pas.

MARIUS

Et tu ne me l'as pas dit parce que tu as eu peur que je te parle du temps passé et que je te fasse une scène de désespoir...

FANNY

Oh! non! Tu étais bien trop content de partir...

MARIUS

Tu m'avais dit que tu voulais épouser Panisse.

FANNY

Et tu l'avais cru?

MARIUS

Peut-être parce que ça m'arrangeait de le croire...
Ça c'est vrai. Mais je l'ai cru.

FANNY

Si ça t'arrangeait de le croire, c'est que tu n'étais
pas désespéré de me quitter... Je ne vois pas pourquoi tu serais au désespoir maintenant...

MARIUS

Ce qui se passe dans notre tête, on ne le comprend
pas toujours... Je veux dire pas tout de suite... Avec
Piquoiseau qui me racontait ces histoires et ces
sirènes de bateau qui m'appelaient dix fois par jour,
et même qui me réveillaient la nuit... je m'étais fait
des imaginations... Et pour te dire la vérité, pendant
les premiers mois, j'étais content...

FANNY

Je sais. Ton père m'a lu tes premières lettres. Tu
lui disais de me donner bien le bonjour. Ça m'a fait
plaisir.

MARIUS

Je ne savais plus que dire... Je n'osais même pas
penser à toi... J'avais mauvaise conscience... Et puis,
c'est justement aux Iles que ça m'a pris. Le soir,
l'équipage allait sur les plages... Il y avait des
chanteurs, des guitares, et de belles filles... A partir
du troisième jour, je suis resté à bord... J'entendais
les musiques, et je pensais à toi... Je te voyais

derrière tes coquillages... Je te voyais courir le long du quai, j'entendais claquer tes petits sabots...

FANNY

Marius, c'est trop tard maintenant. Ne me dis plus rien...

MARIUS

Je te voyais partout, partout. Et puis, un jour, juste au large des Carolines, comme nous relevions des récifs de corail, il m'est arrivé une chose terrible, je n'ai pas pu penser à toi : j'avais oublié ta figure. Je te cherchais, je ne te trouvais plus. Je me prenais la tête dans les mains, je fermais les yeux de toutes mes forces; je voyais du noir, je t'avais perdue. Alors, je suis devenu comme fou – et j'ai vite écrit à mon père pour qu'il m'envoie une carte postale, celle où on voit la terrasse du bar; je lui avais dit que c'était pour avoir un souvenir du bar – mais la vérité, c'était pour toi, parce que tu es debout derrière ton éventaire... Et cette photographie, tu ne peux pas t'imaginer comme je l'ai attendue... Je comptais les jours, et même les heures...

Enfin, en touchant Papeete, j'ai trouvé le courrier de France. Dans la lettre de mon père, il y avait la carte postale, et une autre photographie : c'était celle de ta noce, devant la mairie. Alors, je les ai déchirées en tout petits morceaux, et je les ai jetées dans le vent des îles, et j'ai compris que j'avais gâché ma vie.

FANNY

Va, tu en trouveras une autre... Il y en a beaucoup de plus belles que moi.

MARIUS

Oh non! La plus belle, c'est toujours toi, et ce sera toujours toi... Dis-moi la vérité : tu es vraiment heureuse?

FANNY

Je te l'ai dit : j'ai un bon mari.

MARIUS

Tu l'aimes d'amour?

FANNY

Je l'aime bien.

MARIUS

Je peux te dire la même chose de mon père. Je l'aime bien.

FANNY

Ça suffit pour vivre ensemble.

MARIUS

Tu veux que je te dise ce que je m'imagine?

FANNY

Non, je ne veux pas le savoir.

MARIUS

Je m'imagine que tu ne m'as pas oublié. Je m'imagine que si je reviens dans six mois...

FANNY

C'est trop tard, Marius... Trop tard...

MARIUS *(il s'anime tout à coup)*

Fanny, maintenant je sais que j'ai été un imbécile et que cet amour ne me passera jamais. Non, jamais je ne pourrai aimer une autre femme, et sans toi, ma vie est finie. Je ne te dirai pas que je vais aller me noyer, non... Mais quand je te vois dans cette maison, j'ai une douleur qui me serre les côtes et il me semble que mon cœur va s'arrêter... Alors, tu as tout oublié?

FANNY

Tu sais bien que non...

MARIUS

Alors?

FANNY

Il n'y a plus rien à faire. Trop tard.

MARIUS

Ecoute : il y a des gens qui divorcent. Ça existe, le divorce. Ce n'est pas déshonorant... Monsieur Caderousse, l'adjoint au maire, il a divorcé sa femme, et ils sont restés bons amis...

FANNY

Je sais, mais ils n'avaient pas d'enfant.

MARIUS

Et alors?

FANNY

J'en ai un.

MARIUS *(surpris)*

Toi? Tu as un enfant?

FANNY

Oui.

MARIUS

Quel âge a-t-il?

FANNY *(gênée)*

Oh! c'est encore un bébé. Ton père ne te l'a pas écrit?

MARIUS

Non. Et je me demande pourquoi.

FANNY

Il a pensé que ça ne t'intéressait pas...

MARIUS

Ou peut-être il n'a pas voulu me donner du regret.

FANNY

Peut-être.

(La fenêtre s'ouvre, et César paraît. Il n'est pas content.)

CÉSAR

Voilà une bonne surprise!... Au bout de dix-huit mois, au lieu de courir chez ton père, tu restes à faire la conversation, à dix heures du soir chez Maître Panisse, qui ne t'a pas invité, parce qu'il est parti...

Et si Monsieur Brun ne t'avait pas vu au buffet, je ne saurais pas encore que tu es arrivé!

CENTER:
MARIUS

Ne commence pas à crier tout de suite!

CENTER:
CÉSAR

Je ne crie pas, je m'explique! *(Il entre par la fenêtre et va vers Marius.)* Fais-toi voir. *(Il le prend aux épaules, l'embrasse, puis le regarde.)* Tu as forci. Ça te va bien. Tu ne trouves pas, Fanny, qu'il a forci?

CENTER:
FANNY

Il a bien l'air d'un marin, maintenant.

CENTER:
CÉSAR *(brusquement)*

Et pourquoi tu ne t'es pas annoncé?

CENTER:
MARIUS

Parce que nous sommes partis brusquement, par un contre-torpilleur qui va deux fois plus vite que le courrier.

CENTER:
CÉSAR

Et pourquoi tu n'as pas télégraphié?

CENTER:
MARIUS

Parce que je n'étais pas sûr que je pourrais venir de Toulon pour te voir. Et puis, je voulais te faire la surprise. Et toi, pourquoi tu ne m'as pas écrit que Fanny avait un enfant?

CENTER:
CÉSAR *(il fait quelques gestes évasifs)*

Parce que... quand une fille se marie, c'est une

chose toute naturelle!... Tu as une longue permission?

MARIUS

Oh non. Je prends le train qui passe en gare à cinq heures.

CÉSAR

Bon. Eh bien, on va aller dîner maintenant. Tu as vu et tu as compris. Allez zou, dis bonsoir à Madame Panisse, et viens t'expliquer avec ton père. *(Marius hésite. Il regarde tour à tour le décor, Fanny, puis César. On entend tourner une clef dans la serrure de la porte d'entrée, puis la voix de Panisse.)*

PANISSE *(off)*

Figure-toi dans le couloir du wagon, juste comme le train allait partir... *(Il entre, voit Marius et César. Il s'arrête, surpris.)* Qu'est-ce qu'il se passe? Le petit?

FANNY

Non, nous avons une visite, voilà tout.

PANISSE

Bonsoir Marius. Tu es de retour?

CÉSAR

Il est de passage. Il vient d'arriver, et il repart tout à l'heure pour Paris.

FANNY

Finalement, tu as manqué ton train?

PANISSE

Non. Figure-toi que dans le couloir du wagon, je tombe sur Tavernier, notre pharmacien, qui me dit que le petit garçon de la femme de ménage a une coqueluche terrible! Et naturellement elle ne t'a rien dit?

FANNY

Non.

PANISSE

Mais c'est une criminelle! C'est elle qui balaie sa chambre, qui s'occupe du berceau, et qui emporte son linge chez elle pour le laver!... Je l'ai même vue une fois lui donner le biberon...

FANNY

Pas ces temps-ci. C'est quand maman a eu la grippe.

PANISSE

C'est quand même scandaleux qu'avec une mère et une grand-mère, on le laisse entre les mains d'une femme coquelucheuse... Enfin, en passant, j'ai réveillé le docteur, et il arrive. Quelle misère!

MARIUS

Oh, vous savez, la coqueluche, ce n'est pas si terrible!

CÉSAR

Malheureux! Ça s'attrape rien qu'en regardant! C'est une espèce de microbe voltigeant, cent millions de fois plus petit qu'un moustique! Même si un docteur te le fait voir, et qu'il te dit : « Il est là », eh bien, tu as beau regarder, tu ne le vois pas. Et c'est un monstre qui a des crochets terribles... Et dès qu'il voit un petit enfant, cette saloperie lui saute dessus, et il essaye de lui manger le gosier, et il lui fait des misères à n'en plus finir!

(Entre le docteur. Petite barbe grisonnante, les cheveux hérissés, en pyjama et babouches. Il n'est pas content.)

LE DOCTEUR

Tiens! Bonsoir Marius.

MARIUS

Bonsoir docteur.

LE DOCTEUR *(à Fanny)*

Est-ce qu'il a toussé?

FANNY

Non. Pas du tout.

LE DOCTEUR

Température?

FANNY

A 6 heures, 37,2.

LE DOCTEUR *(à Panisse)*

Alors? Tu me tires de mon lit, juste dans mon premier sommeil, après une journée écrasante, pour que je vienne constater qu'il n'a rien du tout!

PANISSE

C'est bien ce que j'espère.

LE DOCTEUR

Mon pauvre Honoré, tu es un pénible au point d'en devenir fada. *(A Marius.)* Cet enfant a une santé magnifique. Il a tout juste un an, puisque c'est demain son anniversaire et il pèse 1,600 kg de plus que le poids normal. Il fait des prémolaires avec six mois d'avance, sans un dixième de fièvre, et il crie presque aussi fort que son parrain. Qu'est-ce que tu veux de plus?

PANISSE

Je veux que tu ailles l'examiner tout de suite. Allons-y.

(Panisse et Fanny vont suivre le docteur, qui les arrête d'un geste.)

LE DOCTEUR

Non, pas toi. Tu me pompes l'air! Viens Fanny!

(Ils sortent.)

Scène IV

MARIUS, CÉSAR, PANISSE

MARIUS *(à son père)*

C'est toi le parrain?

CÉSAR

C'est tout naturel... Le fils de mon vieil ami...

MARIUS

Et il a un an, le fils de ton vieil ami?

PANISSE

Il va avoir un an.

MARIUS

Un an demain : c'est le docteur qui l'a dit. C'est curieux que cet enfant soit en avance sur tous les autres.

PANISSE

Pourquoi dis-tu ça?

MARIUS

Parce que je sais compter, maître Panisse. Vous vous êtes marié le 16 août... On pourrait dire qu'il a été fait deux mois avant la noce... Fanny, je n'aurais pas cru ça de toi! Je ne me suis douté de rien!

CÉSAR

Allons, ne plaisante pas.

PANISSE

Oh! laisse-le dire, César. Tu sais que j'ai de quoi lui répondre. Tu as raison, Marius : c'est un prématuré, et je vais te le prouver tout de suite.

(Il va au bureau, et prend un petit registre.)

MARIUS

Ça m'étonnerait.

(il ouvre le registre à la première page)

Eh bien, sois étonné. *(Il tend le registre ouvert à Marius.)* C'est le livre de santé du petit. C'est moi qui le tiens. Et la première page, c'est un article du *Petit Marseillais*. Lis-le.

(Marius le lit en silence.)

PANISSE

Et ça, c'est une preuve indiscutable. C'est offi-ciel.

MARIUS

Ce qu'il y a dans les journaux, des fois c'est vrai, des fois ce n'est pas vrai. Et puis, c'est possible que vous ayez eu un accident d'automobile qui ait avancé la naissance de deux ou trois jours... Et puis, ce journal, je me demande si vous ne l'avez pas gardé pour moi...

CÉSAR

Ecoute, Marius, il est onze heures, j'ai laissé la daube sur le feu, et tu n'as pas très bonne mine. Allons dîner, et si tu veux faire des suppositions tardives, tu me les feras à moi. Tu es ici chez maître Panisse et chez sa femme. Allez, viens.

MARIUS

D'accord. Mais avant de partir, je veux demander une seule chose. Maître Panisse jurez-moi, sur la vie de l'enfant, que c'est votre fils. Jurez sur sa vie, et je m'en vais tranquille.

PANISSE

Moi, je ne jure pas, je ne jure jamais et surtout pas sur la vie de mon enfant.

MARIUS

Parce que vous avez peur de lui porter malheur. Et toi, mon père, tu ne le sais pas de qui il est, cet enfant? Donne ta parole d'homme. Dis ce que tu sais.

CÉSAR

Je sais que nous sommes chez maître Panisse, et chez sa femme, je sais qu'il est né pendant leur mariage, et qu'il porte leur nom.

MARIUS

Moi, maintenant, je comprends tout. C'est à cause de l'enfant qu'elle s'est mariée si vite, à cause de sa mère, et de l'honneur de la famille... Et toi, tu étais au courant – et c'est pour ça que tu ne m'as pas annoncé la naissance. C'est pour ça que tu es le parrain. Et moi, qu'est-ce que je suis là-dedans?

PANISSE

Si ce que tu dis est vrai, toi tu es celui qui est parti comme un vagabond, en abandonnant la fille qui t'avait fait confiance. Et si un honnête homme l'a sauvée du déshonneur et des commérages, tu ne peux que lui dire merci.

MARIUS

Eh bien, merci maître Panisse. Je vous le dis sincèrement, mais maintenant, il faut trouver une solution pour me rendre ma femme et mon fils.

CÉSAR

Allons, tu déparles.

PANISSE

La solution, il y en a une : je peux aller à la pêche,
un matin, de bonne heure, le bateau chavire, et je me
noie. Ce serait un noble sacrifice. Mais si je dispa-
rais, je ne verrai plus ma femme, ni le petit. Je ne
pourrai plus travailler pour assurer leur avenir.
Alors, je refuse de me noyer.

CÉSAR

Personne ne te le demande.

PANISSE

L'ambiance me le suggère. Eh bien, je refuse
définitivement.

MARIUS

Vous êtes un brave homme, Panisse, et moi, je suis
un imbécile, je le reconnais. J'ai fait une folie. A
vingt ans, en quelques minutes, j'ai tout perdu...
Personne ne savait que cet enfant allait naître... Vous
trouvez juste que pour une bêtise la vie de plusieurs
personnes soit gâchée?

PANISSE

Quelles personnes?

MARIUS

Fanny, moi, mon père et mon fils.

PANISSE

Et moi, qu'est-ce que je deviens, là-dedans?

MARIUS

Vous, vous avez été heureux pendant deux ans, et vous avez été heureux en faisant une bonne action. Ce que vous avez fait, je vous en remercie. Mais maintenant il faut prendre votre courage et me rendre ce qui m'appartient.

CÉSAR

Oh! Tu vas vite, Marius!

PANISSE

Beaucoup trop vite – et peut-être dans une fausse direction. Ecoute, Marius. Tu vois que je ne me fâche pas, et que je te parle posément. Ce retour, il y a presque deux ans que je l'attends. Et chaque soir, avant de m'endormir, je me disais : et si c'est demain qu'il revient? Et s'il essaie de réclamer sa femme, qu'est-ce que je vais lui répondre? Et puis je pensais : « Il est trop content d'être sur la mer. S'il revient, il repartira... » Et puis ce soir, me voilà dans une situation qui n'est pas très bonne, et je vais te dire pourquoi.

(La porte de la chambre s'ouvre. Paraît le docteur, suivi de Fanny.)

Scène V

PANISSE, LE DOCTEUR, FANNY, CÉSAR

PANISSE

La coqueluche?

LE DOCTEUR

Aucun signe particulier.

FANNY

Par précaution, j'ai changé son linge, ses draps et nous avons mis le berceau dans la petite chambre.

LE DOCTEUR

Aucun signe de coqueluche, mais il a un peu de fièvre : 38.

PANISSE *(inquiet)*

38?

FANNY

38 et deux dixièmes.

PANISSE *(affolé)*

Mais c'est très grave, puisque de la fièvre il n'en a jamais eu!

FANNY

Si, il en a eu, mais on ne te l'a pas dit, parce que ça n'en valait pas la peine.

PANISSE

Voilà comment elles sont! *(Au docteur.)* Et d'où ça vient, cette fièvre?

LE DOCTEUR

Ça vient un peu de ses dents, et surtout parce qu'il n'a pas le ventre libre. Est-ce qu'on lui donne régulièrement les petites pilules laxatives?

PANISSE

C'est-à-dire que... *(Il hésite.)*

LE DOCTEUR *(sévère)*

C'est-à-dire quoi?

FANNY

C'est-à-dire qu'Honoré ne veut plus qu'on les lui donne...

LE DOCTEUR

Et pourquoi?

PANISSE *(désolé)*

Parce qu'il n'aime pas ça. Ça lui fait faire des grimaces, et puis il pleure!...

LE DOCTEUR

Continue comme ça, et puis c'est toi qui pleureras. Rappelle-toi que le trône de la santé des bébés, c'est le pot. Un enfant qui n'a pas le ventre libre est beaucoup plus exposé aux contagions.

PANISSE

Alors il faut lui donner une pilule tout de suite... *(Il court vers la chambre. Le docteur l'arrête.)*

LE DOCTEUR

Non. Demain matin. Maintenant, laisse-le dormir tranquille.

PANISSE

Alors toi, tu me garantis absolument...

LE DOCTEUR

Je ne peux pas te garantir absolument qu'il n'aura pas la coqueluche, comme je ne peux pas te garantir absolument que César n'est pas en train de couver une belle typhoïde...

CÉSAR

Ça ne risque rien : je l'ai déjà eue.

LE DOCTEUR

Et puis, s'il a la coqueluche, nous la soignerons. En tout cas, dès qu'il aura le ventre libre, il n'y aura plus aucun danger. Et maintenant, je vais dormir. Bonsoir à tous.

(Il sort.)

Scène VI

PANISSE, FANNY, CÉSAR, MARIUS

PANISSE

Je ne me fais pas trop de mauvais sang, parce que je sais qu'il exagère... Mais tout de même...

FANNY

Ne t'inquiète pas, Honoré. Demain matin, tout ira bien.

PANISSE

Si Dieu veut : Fanny, il y a une très grave question

qui se pose. Je ne sais pas ce que Marius t'a dit avant que j'arrive. Mais à moi, il m'a dit qu'il avait l'intention de réclamer sa femme et son fils. Attends : laisse-moi parler. Pendant ces dix-huit mois de bonheur, je me suis fait souvent des reproches, surtout quand je te voyais, au début, inquiète, pensive, et même triste; et je me disais : « Honoré, tu te flattes d'avoir fait une bonne action, mais dans le fond, on pourrait dire que tu as profité de la folie, peut-être passagère, d'un garçon de vingt ans, et de la détresse d'une fille bien jeune épouvantée par sa famille. Tu as fait le grand et le généreux : résultat, tu as la plus jolie femme et le plus bel enfant de tout Marseille. »

CÉSAR

Ça c'est vrai.

PANISSE

Quand une bonne action vous rapporte le gros lot, elle n'est peut-être pas si bonne que ça. Et de plus, avant-hier, j'ai eu cinquante-quatre ans. De temps en temps, il faut que je prenne une canne pour ma sciatique... Est-ce que j'ai le droit d'imposer ma vieillesse qui commence à une femme de vingt ans? Voilà ce que je me dis. *(A Marius.)* Toi, tes réclamations, je m'en fous totalement. Mais elle? C'est à elle de décider. Fanny, si tu désires une séparation, je prendrai tous les torts sur moi.

FANNY

Tu parles sérieusement, Honoré?

PANISSE

Oui, je t'aime assez pour ça.

Ecoute...

PANISSE

Non. Ne réponds pas tout de suite. Ce que j'ai dit est dit. *(Brusquement.)* Il a toussé! *(Il court ouvrir la porte de la chambre. Il demande.)* Il a toussé?

VOIX D'HONORINE

C'est moi qui viens d'éternuer.

PANISSE *(sévère)*

A vos souhaits! Mais surtout tâchez de ne pas tousser près du berceau! *(Il se tourne vers Fanny.)* Vas-y, et empêche-la de postillonner sur le petit. Les microbes des vieillards, ça vit péniblement en rongeant un vieux cuir, tu penses qu'ils sautent volontiers sur de la chair fraîche! *(Fanny est sortie.)* Alors, vous avez entendu ma proposition.

CÉSAR

Elle est honnête.

MARIUS

Naturellement, vous nous laissez l'enfant?

PANISSE *(indigné)*

Ah non! Ça c'est impossible!... D'ailleurs, ce n'est pas l'enfant qu'il réclame! Ce n'est même pas sa femme! Ce qu'il veut, et je le comprends, c'est son premier amour, c'est la petite fille qu'il embrassait sur les quais, en jouant aux cachettes derrière les sacs de café... Et puis tu es jeune... Si tu veux des enfants, tu en auras d'autres. Mais le mien, n'essaie pas de me le prendre! C'est le seul, c'est mon unique, c'est mon premier et mon dernier!

MARIUS

Ah vous êtes malin, Maître Panisse! Vous dites : la mère peut partir, mais je garde l'enfant, parce que vous savez que sans lui, la mère ne partira pas!

PANISSE

Non, non, ce n'est pas une malice! C'est pour lui-même que je veux le garder... Et d'ailleurs, légalement, c'est impossible. Il porte mon nom, et la loi ne permettra jamais de le changer! Et puis, tu n'as pas encore remarqué mon enseigne sur le magasin : « Panisse et Fils », en lettres d'or. Et c'est aussi sur le portail de l'atelier, et même sur toutes mes factures! Et puis, tu devrais un peu penser à son avenir! Cet enfant a sa vie toute prête! Il héritera du magasin, de l'atelier, de la maison, de la villa de Cassis, et d'une clientèle qui vaut des millions. Oui, Monsieur. Et maintenant, je fais les hors-bord, et même des Diesel. Ça m'a fait mal au cœur de trahir la voile, mais c'est pour lui que je l'ai fait. Et en plus, il est déjà sur le testament de mon frère, qui a soixante mille pieds de vigne, et sur celui des cousines de Vaison, qui lui laisseront onze fermes et le petit château de Chantepierre! Et c'est tout ça que tu voudrais lui voler? Non, non, tu ne te rends pas compte. Il n'est pas qu'à nous, cet enfant : il est planté en haut d'une famille comme une croix sur un clocher. Puisque tu es sûr d'être son père, tu devrais faire passer ton intérêt après le sien. La voix du sang devrait te le dire! Et comme elle ne te dit rien, c'est qu'il y a un doute.

MARIUS

Un doute? Un doute sur quoi?

(Panisse sourit.)

CÉSAR

Qu'est-ce que tu veux dire?

PANISSE

Je veux dire que j'ai depuis longtemps une idée que je n'ai jamais osé dire à personne. Oui, c'est la vérité que Fanny a cru qu'elle allait avoir un enfant de toi. C'est la vérité qu'elle m'a dit oui, à cause de ça. Mais c'est aussi la vérité que nous avons eu un accident d'automobile. Je l'ai fait exprès, je le reconnais. J'ai ralenti tant que j'ai pu, pour aller attraper ce pylône. Mais comme un imbécile, je l'avais gardée près de moi : j'avais peur que quelqu'un nous voie. Du coup, elle a frappé du front contre le pare-brise. *(A Fanny.)* Est-ce que je mens?

FANNY

Non. Ça c'est vrai.

PANISSE

Et c'est à cause de ce choc que l'enfant est né le lendemain. Par conséquent, il est parfaitement possible que Fanny se soit trompée, et que cet enfant soit mien.

CÉSAR

Mon pauvre Honoré, je crois que tu dérailles...

PANISSE

Pas du tout. J'en ai parlé à Félicien depuis longtemps. Il m'a dit : « Ce n'est pas très probable, mais ce n'est pas impossible... » Et puis, moi je ne parle pas à la légère. J'ai une espèce de preuve, et même j'en ai plusieurs. D'abord, pour cet enfant, je me fais un mauvais sang dont vous n'avez pas une idée, parce que je le cache à tout le monde... Quand on l'a sevré, et qu'il ne voulait pas manger la bouillie, c'est moi qui ai maigri de sept kilos. Chaque nuit, une inquiétude me réveille, il me semble qu'il ne respire plus, et je me lève d'un bond pour voir s'il est toujours vivant. Un jour, j'achète un livre de puériculture. Ah! mes amis, quand j'ai lu toutes ces maladies, j'ai compris que la vie d'un bébé, c'est une petite bougie allumée dans un courant d'air. Je ne savais plus ce que je faisais. Le capitaine espagnol vient me commander un foc : je lui fais un tapecul et je lui facture une misaine. Est-ce que vous trouveriez naturel que je devienne à moitié fada pour un enfant qui serait un bastardon de Monsieur? Voyons, c'est la nature qui parle, c'est la voix du sang!

CÉSAR

Ne t'imagine pas que tu es à moitié fada, parce que tu l'es complètement.

PANISSE

Et tu ne sais pas tout, César. Tu ne sais pas le principal, et même Fanny ne le sait pas. Eh bien, cet enfant, des fois, le soir, au moment qu'il va s'endormir si je lui touche à peine le menton du bout du doigt, il me fait un petit sourire, un sourire gentil, gracieux... Un sourire que j'ai déjà vu, et c'est le sourire de ma mère!... Oui, parfaitement. Ça te fait rire, bien entendu : mais moi je sais ce que je vois, et que je vois de plus en plus souvent !

CÉSAR

Toi, tu sais ce que tu vois et nous, nous savons ce qui s'est passé.

PANISSE

Oui, nous le savons tous, mais nous ne l'interprétons pas de la même façon... Et c'est pour ça qu'il y a un doute. Ça je le reconnais. Il y a un doute, mais pour moi, ce doute s'affaiblit tous les jours. Surtout, depuis le jour qu'il a parlé. Et vous ne devineriez jamais le premier mot qu'il a dit. Il m'a regardé, il a ri, et *(la voix de Panisse s'assourdit, tremblante d'émotion)* il a dit : « Papa... » *(Il essuie une larme, puis s'écrie tout à coup.)* Et moi, son papa, comme un véritable idiot, je ne lui ai pas donné ses pilules depuis trois jours... Et c'est peut-être par ma faute qu'il va avoir la coqueluche... Par sensiblerie, j'ai mis sa vie en danger...

(La porte s'ouvre tout à coup et Honorine triomphale annonce : « Il est sur le pot ! »)

PANISSE

Merci mon Dieu ! Merci ! *(Il court, en riant nerveusement, vers le pot.)* *(César et Marius se regardent, perplexes, ils attendent devant la porte de la chambre qui s'est refermée. Puis César sourit.)*

CÉSAR

Ecoute, Marius, cette discussion, ça ne peut mener à rien pour le moment.

MARIUS

Mais enfin, tu sais bien que l'enfant est mon fils...

CÉSAR

Bien sûr, que je le sais. Il te ressemble comme deux gouttes d'eau. Mais quand même, lui, c'est un peu son père... Cet enfant, quand il est né, il pesait quatre kilos... Ceux-là, c'est sa mère qui les a faits. Maintenant, il arrive à sept.. Ces trois kilos de plus, c'est trois kilos d'amour. Moi, j'en ai donné ma petite part... Sa mère en a donné beaucoup, naturellement; mais celui qui a donné le plus, c'est Honoré. Et toi, qu'est-ce que tu lui as donné?

MARIUS

La vie.

CÉSAR

Les chiens aussi donnent la vie : pourtant, ce ne sont pas des pères... Et puis, cet enfant, tu ne le voulais pas. La vie, ne dis pas que tu la lui as donnée : il te l'a prise. Et Panisse a raison : ce n'est pas lui que tu veux : c'est sa mère. Ce n'est peut-être pas indispensable qu'elle divorce... Laisse tomber la marine, si tu reviens, et si tu l'aimes encore...

MARIUS

Je l'aimerai toute ma vie...

CÉSAR

Je crains bien qu'elle aussi... Alors, on verra. On verra ce qu'on verra, et qu'Honoré ne verra pas, parce qu'il ne voudra pas le voir. Allez, zou. Viens. Occupe-toi un peu de moi.

MARIUS

On part comme ça, sans rien dire?

CÉSAR

Qu'est-ce qu'on pourrait dire de plus? Et puis, ils en ont pour un quart d'heure : ils sont en plein dans la cérémonie du pot. Et après, il y aura une expertise, et un coup de téléphone au docteur. Moi, j'ai beaucoup de choses à te dire, tout en mangeant la daube que Félicie a faite ce matin. Réchauffée, c'est un délice. Surtout qu'elle y a mis une bonne poignée d'olives noires. Viens, mon fils.

(Il pose son bras sur les épaules de Marius, et ils sortent sur la pointe des pieds.)

RIDEAU

VIE DE MARCEL PAGNOL

Marcel Pagnol est né le 28 février 1895 à Aubagne.

Son père, Joseph, né en 1869, était instituteur, et sa mère, Augustine Lansot, née en 1873, couturière.

Ils se marièrent en 1889.

1898 : naissance du Petit Paul, son frère.

1902 : naissance de Germaine, sa sœur.

C'est en 1903 que Marcel passe ses premières vacances à La Treille, non loin d'Aubagne.

1904 : son père est nommé à Marseille, où la famille s'installe.

1909 : naissance de René, le « petit frère ».

1910 : décès d'Augustine.

Marcel fera toutes ses études secondaires à Marseille, au lycée Thiers. Il les terminera par une licence ès lettres (anglais) à l'Université d'Aix-en-Provence.

Avec quelques condisciples il a fondé *Fortunio*, revue littéraire qui deviendra *Les Cahiers du Sud*.

En 1915 il est nommé professeur adjoint à Tarascon.

Après avoir enseigné dans divers établissements scolaires à Pamiers puis Aix, il sera professeur adjoint et répétiteur d'externat à Marseille, de 1920 à 1922.

En 1923 il est nommé à Paris au lycée Condorcet.

Il écrit des pièces de théâtre : *Les Marchands de gloire* (avec Paul Nivoix), puis *Jazz* qui sera son premier succès (Monte-Carlo, puis Théâtre des Arts, Paris, 1926).

Mais c'est en 1928 avec la création de *Topaze* (Variétés) qu'il devient célèbre en quelques semaines et commence véritablement sa carrière d'auteur dramatique.

Presque aussitôt ce sera *Marius* (Théâtre de Paris, 1929), autre gros succès pour lequel il a fait, pour la première fois, appel à Raimu qui sera l'inoubliable César de la Trilogie.

Raimu restera jusqu'à sa mort (1946) son ami et comédien préféré.

1931 : Sir Alexander Korda tourne *Marius* en collaboration avec Marcel Pagnol. Pour Marcel Pagnol, ce premier film coïncide avec le début du cinéma parlant et celui de sa longue carrière cinématographique, qui se terminera en 1954 avec *Les Lettres de mon moulin*.

Il aura signé 21 films entre 1931 et 1954.

En 1945 il épouse Jacqueline Bouvier à qui il confiera plusieurs rôles et notamment celui de Manon des sources (1952).

En 1946 il est élu à l'Académie française. La même année, naissance de son fils Frédéric.

En 1955 *Judas* est créé au Théâtre de Paris.

En 1956 *Fabien* aux Bouffes Parisiens.

En 1957 publication des deux premiers tomes des *Souvenirs d'enfance* : *La Gloire de mon père* et *Le Château de ma mère*.

En 1960 : troisième volume des *Souvenirs* : *Le Temps des secrets*.

En 1963 : *L'Eau des collines* composé de *Jean de Florette* et *Manon des sources*.

Enfin en 1964 *Le Masque de fer*.

Le 18 avril 1974 Marcel Pagnol meurt à Paris.

En 1977, publication posthume du quatrième tome des *Souvenirs d'enfance* : *Le Temps des amours*.

BIBLIOGRAPHIE

1926. *Les Marchands de gloire*. En collaboration avec Paul Nivoix, Paris, L'Illustration.

1927. *Jazz*. Pièce en 4 actes, Paris, L'Illustration. Fasquelle, 1954.

1931. *Topaze*. Pièce en 4 actes, Paris, Fasquelle.
Marius. Pièce en 4 actes et 6 tableaux, Paris, Fasquelle.

1932. *Fanny*. Pièce en 3 actes et 4 tableaux, Paris, Fasquelle.
Pirouettes. Paris, Fasquelle (Bibliothèque Charpentier).

1933. *Jofroi*. Film de Marcel Pagnol d'après *Jofroi de la Maussan* de Jean Giono.

1935. *Merlusse*. Texte original préparé pour l'écran, Petite Illustration, Paris, Fasquelle, 1936.

1936. *Cigalon*. Paris, Fasquelle (précédé de *Merlusse*).

1937. *César*. Comédie en deux parties et dix tableaux, Paris, Fasquelle.
Regain. Film de Marcel Pagnol d'après le roman de Jean Giono (Collection « Les films qu'on peut lire »). Paris-Marseille, Marcel Pagnol.

1938. *La Femme du boulanger*. Film de Marcel Pagnol d'après un conte de Jean Giono, « Jean le bleu ». Paris-Marseille, Marcel Pagnol. Fasquelle, 1959.
Le Schpountz. Collection « Les films qu'on peut lire », Paris-Marseille, Marcel Pagnol. Fasquelle, 1959.

1941. *La Fille du puisatier*. Film, Paris, Fasquelle.

1946. *Le Premier Amour*. Paris, Éditions de la Renaissance. Illustrations de Pierre Lafaux.

1946. *Judas*. Pièce en 5 actes, Monte-Carlo, Pastorelly.

1947. *Notes sur le rire*. Paris, Nagel.
Discours de réception à l'Académie française, le 27 mars 1947. Paris, Fasquelle.

1948. *La Belle Meunière*. Scénario et dialogues sur des mélodies de Franz Schubert (Collection « Les maîtres du cinéma »), Paris, Éditions Self.

1949. *Critique des critiques*. Paris, Nagel.

1953. *Angèle*. Paris, Fasquelle.
Manon des Sources. Production de Monte-Carlo.

1954. *Trois lettres de mon moulin*. Adaptation et dialogues du film d'après l'œuvre d'Alphonse Daudet, Paris, Flammarion.
1955. *Judas*. Pièce en 5 actes, Monte-Carlo, Pastorelly.
1956. *Fabien*. Comédie en 4 actes, Paris, Théâtre 2, avenue Matignon.
1957. *Souvenirs d'enfance*. Tome I : La Gloire de mon Père. Tome II : Le Château de ma mère. Monte-Carlo, Pastorelly.
1959. *Discours de réception de Marcel Achard à l'Académie française et réponse de Marcel Pagnol*, 3 décembre 1959, Paris, Firmin Didot.
1960. *Souvenirs d'enfance*. Tome III : Le Temps des secrets. Monte-Carlo, Pastorelly.
1963. *L'Eau des collines*. Tome I : Jean de Florette. Tome II : Manon des Sources, Paris, Editions de Provence.
1964. *Le Masque de fer*. Paris, Editions de Provence.
1970. *La Prière aux étoiles, Catulle, Cinématurgie de Paris, Jofroi, Naïs*. Paris, Œuvres complètes, Club de l'Honnête Homme.
1973. *Le Secret du Masque de fer*. Paris, Editions de Provence.
1977. *Le Rosier de Madame Husson, Les Secrets de Dieu*. Paris, Œuvres complètes, Club de l'Honnête Homme.
1977. *Le Temps des amours*, souvenirs d'enfance, Paris, Julliard.
1981. *Confidences*. Paris, Julliard.
1984. *La Petite Fille aux yeux sombres*. Paris, Julliard.

Les œuvres de Marcel Pagnol sont publiées dans la collection de poche « Fortunio » aux éditions de Fallois.

Traductions

1947. William Shakespeare, *Hamlet*. Traduction et préface de Marcel Pagnol, Paris, Nagel.
1958. Virgile, *Les Bucoliques*. Traduction en vers et notes de Marcel Pagnol, Paris, Grasset.
1970. William Shakespeare, *Le Songe d'une nuit d'été*. Paris, Œuvres complètes, Club de l'Honnête Homme.

FILMOGRAPHIE

1931 – MARIUS (réalisation A. Korda-Pagnol).
1932 – TOPAZE (réalisation Louis Gasnier).
       FANNY (réalisation Marc Allegret, supervisé par Marcel Pagnol).
1933 – JOFROI (d'après *Jofroi de la Maussan* : J. Giono).
1934 – ANGÈLE (d'après *Un de Baumugnes* : J. Giono).
1934 – L'ARTICLE 330 (d'après Courteline).
1935 – MERLUSSE.
       CIGALON.
1936 – TOPAZE (deuxième version).
       CÉSAR.
1937 – REGAIN (d'après J. Giono).
1937-1938 – LE SCHPOUNTZ.
1938 – LA FEMME DU BOULANGER (d'après J. Giono).
1940 – LA FILLE DU PUISATIER.
1941 – LA PRIÈRE AUX ÉTOILES (inachevé).
1945 – NAÏS (adaptation et dialogues d'après E. Zola, réalisation de Raymond Leboursier, supervisé par Marcel Pagnol).
1948 – LA BELLE MEUNIÈRE (couleur Roux Color).
1950 – LE ROSIER DE MADAME HUSSON (adaptation et dialogues d'après Guy de Maupassant, réalisation Jean Boyer).
1950 – TOPAZE (troisième version).
1952 – MANON DES SOURCES.
1953 – CARNAVAL (adaptation et dialogues d'après E. Mazaud, réalisation : Henri Verneuil).
1953-1954 – LES LETTRES DE MON MOULIN (d'après A. Daudet).
1967 – LE CURÉ DE CUCUGNAN (moyen métrage d'après A. Daudet).

IMPRIMÉ EN FRANCE PAR BRODARD ET TAUPIN
La Flèche (Sarthe), le 18-05-2000.
2538 - N° d'Éditeur 17, dépôt légal : mai 2000.

ÉDITIONS DE FALLOIS - 22, rue La Boétie - 75008 Paris
Tél. 42.66.91.95